里斯本，
沒落的美感

深遊葡萄牙、細訪里斯本，
探索大航海時代迷人的舊時光。

細腿男 — 文字、攝影

曾被遺忘的時光仍在，
只是換了一個新的模樣

飛機在空中緩緩準備降落，我照著魯諾（Nuno）和喬安娜（Joanna）的叮嚀，選了右邊靠窗的座位。窗外山丘綿延起伏，舖蓋著櫛比鱗次的紅磚瓦房和綠草地。寬闊似海的河流，傳說中赭紅色的 425 大橋橫越其上，這是我眼前里斯本的第一道風景。

魯諾和喬安娜是我在越南旅行時結識的葡萄牙情侶。珍重再見後的一整年，他們不時在大西洋那端以風景照轟炸勸敗、召開越洋臉書會議搜尋便宜機票，並不時提醒我：快來住我們家，從房間就能看到特茹河！

於是，我腦波弱地買了機票來到里斯本；更令我始料未及的，是一年、又一年、再一年，我連著三年來到這座城。

相較於其他歐洲大城，里斯本的節奏緩慢，彷彿一腳踏進舊時空，溫暖的陽光映在黑白碎石路與繽紛的花磚外牆上，映照著大航海時代的輝煌，暗影妝點斑駁的樓房街道，唯美訴說昔日命運的悲涼。而我最初為了感受里斯本的老靈魂而來，卻又驚喜地發現，這殞落的貴族，在頹圮中蔓生潮流藝術的能量，用另一種方式，追憶里斯本昔日的繁華。在我眼中，里斯本是座沒有天花板的藝廊，她的美藏在細節裡，再加上人與人之間大剌剌的溫暖，讓我有著說不上來的歸屬感，好像我們早已熟識一般。

在這裡，我很喜歡拍的城市風景，一是以花磚或街頭塗鴉為空間背景，和光影、路人三者之間的微妙關係。另一種是街巷畫面的延伸，途中有各種尋常人家

的模樣，終點是山坡上錯落的房舍或靜謐河流，就好像一張張立體卡片，層層交疊出平實但獨特的美感。

聽來或許矯情，但感受里斯本最好的方式，真的就是迷走在巷弄間，餓了就鑽進小餐館，先吃豬扒包再來顆蛋塔。走累了，就跳上 28 路黃色老電車，伴著喀噹喀噹的聲響，快轉瀏覽各地區不同的樣貌。在里斯本旅行並不難，英文溝通老實說比西班牙好多了，交通和行進路線用手機應用程式也能一目了然。我不會說葡萄牙文，但喜歡把 Olá（嗨、你好）和 Obrigado（謝謝。Obrigada 是女生的用法）掛在嘴邊，說著說著，就會有自己好像住在那裡的假象。

里斯本有股莫名的自在和吸引力，讓我連續三年到這裡居遊，寫書的當下，對她仍是念念不忘。其實，葡萄牙的瞬間爆紅，讓里斯本也開始走向商業和觀光化，張臂將所有人擁抱入懷。特茹河每天都有巨大遊輪停靠，遊客明顯多了好幾倍，市區開始出現花俏的餐廳和沙丁魚罐頭店，市集、展覽、演唱會等大型商業活動也變多了。里斯本的老靈魂正在逐漸轉換，有可惜之處，但也更豐富多元，這對於許多竄起的舊城市來說，總是個顧此失彼的兩難抉擇。

但無論如何，在里斯本，當你覺得市區人潮多得有點煩躁時，就往外再多散步一會兒吧！你還是能走到不足為奇的寧靜街坊，看見牆上隨意晾掛的衣物和床單、糾結纏繞的電線和聖安東尼節留下的彩帶，還有新發現的花磚圖案。除了站在門口或窗台上的老婦人，還有年輕人聚在一起喝酒閒聊，這種我最喜歡的里斯本模樣，還在、還在。

註：里斯本變化太快，書中所拍攝的店鋪陳設或人物，可能會跟各位實際造訪時有所不同，還請見諒。

里斯本市郊

第三部 走向里斯本外的葡國風景

1 *capítulo*

遇見里斯本的
過往今昔

自大航海時代遺留下的文化底蘊、悠緩自在
的生活步調，還有銷魂蛋塔和海鮮燉飯，讓
人只想軟爛放空但又流連忘返。時光流轉，
空氣中仍漫著老靈魂的氣息，而在光影交疊
間，那沒落的美感，是這座城市迷人之處。

História
de Lisboa

速寫里斯本歲月
一齣峰迴路轉的鄉土劇

位於歐洲大陸最西端，面迎浩瀚的大西洋，葡萄牙名符其實是海的國度，而在首都里斯本，你隨處都能看見大海的印記。

里斯本的葡萄牙文 Lisboa，原型相傳是西元前七、八世紀腓尼基人將此命名為「Olisipo」，以向創建這個都城的古希臘史詩英雄尤里西斯（Ulysses）致敬。里斯本又名「七丘之城」，因為歷史中心就建在 Estrela、Santa Catarina、São Pedro de Alcântara、São Jorge、Graça、Senhora de Monte 和 Penha de França 這七座山丘之中。有此一說，尤里西斯和海神之女卡里普索（Calypso）常在特茹河畔約會，但最後男方不辭而別，卡里普索傷心欲絕，幻化成蛇，纏繞的蛇身便成為這七座起伏的山丘，里斯本因而誕生。

而速寫里斯本的歷史，就跟這神話一樣，是一齣媲美鄉土劇的戲碼。

里斯本向來是文明更迭與融合之地，除了腓尼基人、希臘人、迦太基人來過，也曾受羅馬帝國統治，還有日耳曼人與摩爾人的侵門踏戶。直到西元 1147 年，葡萄牙國王阿方索一世（D. Afonso Henriques）得到第二次十字軍幫助，率領基督徒從摩爾人手中收復里斯本，這是一個重要的里程碑。

十五至十七世紀的大航海時代（又稱為地理大發現）讓葡萄牙一夕鹹魚翻身。1420 年前後，恩里克王子（Infante D. Henrique）設立首間航海學校，獎勵航海事業，喚起葡萄牙人勇於冒險的天性與對財富的渴望，前仆後繼揚帆出海。1498 年，葡萄牙航海家達伽馬（Vasco da Gama）率領船隊繞過好望角抵達印度，開啟歐洲與印度的通商門戶。往後，葡萄牙陸續開拓貿易航線，並將南美巴西、非洲莫三比克、安哥拉、聖多美普林西比，以及亞洲的澳門、南印度果亞等地佔為殖民地，建立起龐大的海權帝國，成就近百年的輝煌時代。

作為歐洲大陸最西端的出海口，除了葡萄牙，各國船隊也積極向外擴張，尋找新的海上貿易路線和未知世界，里斯本順理成章成為重要的貿易據點，經濟文化得以快速發展，也讓建築藝術在曼紐爾一世（D. Manuel I）在位時期顯得意氣風發。除了張揚神與王權的榮耀、遠洋航海霸業外，還融合了摩爾人的

阿拉伯元素，以繁複細緻的石雕裝飾，形成獨特華美的曼紐爾風格。

　　將海權盛世的時間快轉，戲劇性轉折在發生 1755 年。10 月 31 日萬聖節前夕，全城的天主教徒不是到教堂望彌撒，就是在家點蠟燭祈禱，這時發生了歐洲史上規模最大的九級強震，之後伴隨火災和海嘯，造成九萬人喪生，市區建築幾乎全毀，里斯本頓時成為廢墟。自此，里斯本遠洋貿易的中心地位不再，葡萄牙也逐漸走向衰敗沒落之途。

　　大地震之後，當時的首相龐巴爾侯爵（Marquês de Pombal）成為災後城市重建的領導者。重建後的里斯本，除了加寬道路格局，新的龐巴爾式（Pombaline）建築依地形高低排列，裝飾取自當時盛行的洛可可和新古典主義，但予以簡化、自成一格，並在建築結構嵌入木樁支架防震。除了建築形式的融合，龐巴爾也對政治、經濟、教育和宗教思想等諸多方面有深遠影響，而里斯本依此發展，成為今日我們眼中多元且具包容性的面貌。

　　在近代，里斯本的最大事件，莫過於 1974 年 4 月 25 日的「康乃馨革命」
（Revolução dos Cravos）。軍事政變期間，軍人用康乃馨取代子彈，插在
槍口，在沒有發生大規模的暴力衝突下，成功終止了總理薩拉查（António de
Oliveira Salazar）長達三十六年的獨裁統治，實現葡萄牙的自由民主化，之後
政府也宣佈放棄殖民政策，海外殖民地紛紛獨立，為歷史記上重要的一筆。而
現在，里斯本除了海納殖民移民，政府甚至提供免費的昂貴醫療機會，讓前非
洲殖民國家的人民前來就醫。從興盛、沒落到再次崛起，起死回生的里斯本，
雖然多次歷經動亂和世代更替，但總挺著風骨，踏著淡定悠緩的節奏，行走在
歷史的長卷之中。

Eléctrico

路面電車

搭上時光機，穿梭城市日常間

　　走訪里斯本，搭乘黃色老電車漫遊是一定要的。電車穿梭在起伏的山坡和蜿蜒街巷，一路發出喀噹喀噹的聲響，這是一道流動的美麗景色，也是城市最鮮明的印記。1901 年，葡萄牙第一輛電車誕生，取代馬車牽引成為主要的大眾運輸工具，1950 年代曾有二十七條電車路線，但隨著公車和地鐵陸續誕生，目前僅存 12、15、18、25、28 這五條，還有一座垂直升降電梯、三條沿坡爬行的纜索電車。除了經典的黃色，還有紅、綠兩色票價貴但不需人擠人的觀光電車。

　　電車扒手時有所聞，但午後的 28 路仍塞滿了嚐鮮的遊客，而我更在意的是能否搶到靠窗座位，或從人群夾縫中窺見窗外風景。木造車廂宛如時光機，不甚牢固的皮革座椅、椅角單薄的金屬扶手和寥寥無幾的廂頂拉環既懷舊又新鮮，也考驗著乘客的平衡感。常常一個緊急煞車，整排雙人座差點被掀起，引起一陣驚嚇後，大家都笑了。搶到靠窗雅座的人總喜孜孜地張望拍照，趴在窗台，迎著風、望著快速畫過的城市即景，像是穿越時空，見證里斯本昔日的繁華。

　　不同顏色的電車，順著地面深嵌交錯的軌道，熟門熟路地四處遊走，上坡、下坡，教堂、窄巷，出現、交錯、又隱沒於街巷，在城市裡大玩捉迷藏。電車有時悠緩行進，幾處下坡時又變身雲宵飛車俯衝，再來個刺激的急煞。偶爾會有好勝的年輕人攀附在後門「搭便車」，引來遊客們的笑聲和鼓譟，只是有時車身只離民宅與街牆不到幾公分，交會時驚險萬分，還是不免替他緊張。

　　里斯本電車的單程票要三歐元，並不便宜，想省錢別忘了直接買張六歐元的二十四小時交通卡，電車、公車和地鐵都能搭乘。電車主要的觀光路線有三條，12 路繞著拜薩（Baixa）、阿法瑪（Alfama）和恩典區（Graça）行駛。搭上 15 路就能到貝倫區（Belém）的百年老店「Pastéis de Belém」品嚐全球最美味蛋塔、親赴近來超夯的「MAAT」博物館拍照打卡。

　　最受歡迎的 28 路從西側市郊的坎普歐里克（Campo Ourique）到東邊的馬汀莫尼茲（Martim Moniz），橫跨城市各主要景區。坎普歐里克有傳統市

場和美食市集，還有被譽為葡萄牙最美麗的「普拉澤雷斯墓園」（Cemitério dos Prazeres），向東經過羅馬天主教的「埃什特雷拉聖殿」（Basílica da Estrela）、現為葡萄牙國會的「聖本篤宮」（Palácio de São Bento）後，進入最熱鬧的上城區（Bairro Alto），在老舊社區的街巷內，時髦餐廳、咖啡館和酒吧四處蔓生，而且愈夜愈美麗。

電車繼續前行，行經地鐵轉運站和購物勝地的希亞多（Chiado）區，穿越拜薩區遊客絡繹不絕的奧古斯塔街（Rua Augusta）後，鑽入阿法瑪的狹窄街巷，上行到恩典區的「山上聖母觀景台」（Miradouro da Senhora do Monte），眺望城市美景與湛藍的特茹河。休息片刻後，再坐上電車到因騰登特站（Intendente）的「A Vida Portuguesa」買些葡國製造的生活雜貨伴手禮，然後去對面文青咖啡館「Casa Independente」坐坐。終站來到馬汀莫尼茲，若接近傍晚時分，不妨到廣場旁大樓樓頂的「TOPO Bar」喝杯啤酒眺望阿法瑪。

即便沒搭車，在街上拍攝電車也成為我的反射動作，以不同城市角落為背景，組合出各種畫面的美感，常覺得，按下快門的瞬間，時光彷彿就這麼停止了。

若你想悠哉享受清閒的電車時光，最好的方法就是跟我一樣，六點半就把自己挖起床。早晨車廂內來來去去沒幾人，視野超廣角，重點是，車上幾乎都是老人，只有他們才需要擔心會被你偷、被你搶哦！

某天下午，我好不容易擠上 28 路，卡在駕駛座後方進退不得之際，才發現自己根本站在搖滾區。我略為低身，順著駕駛的視角，如同戴上 3D 眼鏡，欣賞戲幕步步逼近，又驚又喜，索性將相機設定為連拍，快門聲如打電報般停不下來，於是乎……

「不准在我旁邊拍照！」被駕駛轉頭怒斥了。

哦，好啦，I am sorry。

www.carris.pt

路面電車

彩繪瓷磚與黑白碎石
整座城市都是
我的萬花筒

頹圮之美好似有著靈魂，是里斯本最勾人之處，而隨處可見的彩繪瓷磚，便是它身上的美麗衣裳，讓我深深著迷。

彩繪瓷磚「azulejo」一字源自阿拉伯語「az-zulayj」，意即「拋光的小石頭」，是出自摩爾人的藝術，於十五世紀傳入伊比利半島的安達露西亞，並在國王曼紐爾一世造訪西班牙塞維亞（Seville）後引入葡萄牙。最初瓷磚以簡單的幾何形狀和藍、白色調為設計基準，用以掩蓋哥德時期建築常見的留白牆面，之後演化成更為華麗的裝飾，描繪大航海時代的盛況、宗教信仰和市井生活。早期彩繪瓷磚工藝複雜昂貴，因此只用於教堂、修道院、宮殿或貴族宅邸，後來這種裝飾藝術日漸普及，進而發展成變幻萬千的圖案，一片片鑲嵌在樓房外牆，拼貼出葡萄牙最具代表性、最迷人的外貌。

瓷磚彩繪藝術在十八世紀達到巔峰，二十世紀中期歷經一陣復興

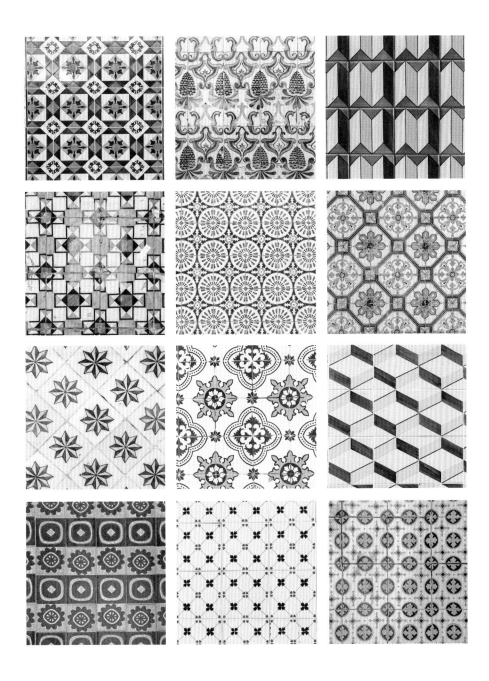

里斯本，沒落的美感

後，以更現代、多元化的方式融入生活，地鐵站就是此一融合最令人為之驚艷的例子：索德爾碼頭站（Cais do Sodré）的月台牆面上，有一隻隻像是愛麗絲夢遊仙境裡手拿懷錶的巨大兔子，東方車站（Oriente）裡則有眾多跟海洋相關的瓷磚壁畫，各站都有藏著不同風格的驚喜。

不過，除了圖像和敘事的瓷磚彩繪，我更偏愛一般外牆單一圖紋重複排列的「花磚」。在里斯本，沒有所謂此生必訪花磚祕境，因為整座城市就是萬花筒，這讓迷路成了一件愜意的事。對我來說，放眼所及每一處鋪滿花磚的外牆，即便殘破，都仍有它獨特的神色與姿態，彷彿風韻猶存、披上華美外衣的老婦，而豔陽高照時，日頭總會為她們打上溫暖柔光。

我常面壁呆望，沉溺在花磚的細節與色調搭配，有的繽紛如繁花，有的是簡約清爽的幾何排列，讓人不禁遙想起曾經燦爛的日子。拍著拍著，我開始玩起尋找新花磚的遊戲，來里斯本三次，已拍了上百種圖案，每次瞥見前方或側巷疑似有新花紋，便手刀快步趨前端詳，接著拿起相機拍下它的美。有時面壁拍得入神，路人也會跟著停下腳步，好奇我在看什麼，然後笑了笑。

「我要收集里斯本所有的花磚！」我貪婪地立下豪願。

相較於花磚繽紛斑斕，另一個葡萄牙舉世聞名的城市藝術，是黑白相間的碎石路「Calçada Portuguesa」。這獨特的藝術工法，據傳源於羅馬帝國殖民時期，1842 年首見於里斯本的聖若熱城堡（Castelo de São Jorge），由身兼工程師的陸軍上尉尤西比奧（Eusébio Furtado）所規畫。他命令囚犯們將一塊塊白色石灰岩和黑色玄武岩削磨後，鋪砌排列成重複性花紋或幾何圖案，工程相當費時。爾後，他也奉命打造羅西歐廣場（Praça do Rossio），在 1849 年完工的碎石地名為「Largo Mar」，意即寬闊海洋，用以向當年開疆擴土的航海冒險家們致敬。

同年，希亞多區和自由大道（Avenida da Liberdade）的碎石路相繼完成，風潮不但蔓延全國，甚至遠播殖民地，包括巴西里約熱內盧的海灘大道、澳門的議事亭前地等，都有這種大波浪的碎石工藝。現在，黑白碎石路錯落在里斯本各個角落，除了波浪，還有各種幾何圖形、徽紋或是地上的門牌號碼，甚至在水族館前的大道，化成各種水底生物的奇幻模樣。

無論里斯本是彩色或黑白的，都美得讓人心情超好。

Arte de Rua

遊走街巷，
忽見龐然大物

在里斯本，我對於街頭塗鴉的著迷，完全不輸給花磚。原以為這裡只是座乘載歲月的老城，但其實天馬行空的異想俯拾皆是。市區大樓、廢棄房舍、河畔倉庫、狹窄街巷……常走著走著，眼前就是一整面龐然大物，還有街角牆上的幽默小品，甚至連資源回收桶和變電箱都相當有戲。不期而遇，就好像野生捕獲明星般，讓人興奮不已。

頹圮的牆面成了街頭最棒的畫布，數百件驚豔的塗鴉創作，錯落在里斯本各個角落。當地政府還成立名為「Underdogs」的國際文化平台，與國內外藝術家合作，有計畫地打造出一件件強大的當代視覺藝術，建立與公眾之間的密切關係，將藝術變成一種日常生活的體驗。

牆面成了現代人傳遞信念或歡樂的介質，而許多塗鴉更表達出對於社會現狀的批判與反思。早期最家喻戶曉的，是位於 Picoas 地鐵站出口、巴西雙胞胎兄弟 Os Gêmeos 的作品：一位臉罩紅頭巾、上頭寫著「我愛破壞公物」的巨人，手中抓著猥瑣商人當彈弓；另一側義大利藝術家 Bluhas 的創作，是一位正要吸乾地球的商人，頭戴象徵貪婪的皇冠，上面畫的是各石油集團的標誌，對財團的嘲諷表露無遺。

另一面著名塗鴉，則是位在莫拉里亞區（Mouraria）的聖克里斯托旺（São Cristóvão）。階梯轉角的整面牆上描繪這個法朵音樂（Fado）發源地

的鄰里生活，以紅磚房和山頂上的聖若熱城堡為背景，畫上年輕時的法朵之母瑪麗亞‧塞維拉（Maria Severa）和男歌手費爾南多‧毛里西奧（Fernando Maurício），還有分別彈奏法朵吉他和古典吉他的樂手及窗台裡的婦人，呈現一幅歡樂又具文化意義的生活景象。而附近發現廣場（Largo da Achada）的牆面上，則有一幅遊客高舉自拍棒拍照，慘遭隔壁老太太噴漆的諷刺塗鴉。

　　每個藝術家展現出屬於自己的鮮明風格，讓里斯本的街頭藝術更加豐富多元，其中又以在葡萄牙出生的弗希爾斯（Vhils，本名 Alexandre Farto）和博達羅二世（Bordalo II）最受矚目。弗希爾斯以人物肖像見長，不以噴漆作畫，而是用雕刻、破壞、剝離牆面等方式呈現，作品多為人像，並融合了對烏托邦的想像及資本主義社會的現實。博達羅二世的創作則是對於過度消費和唯物主義的反思。他認為一個人眼中的垃圾可以是另一個人的寶藏，因此運用生活中

各種廢棄材料，重構出一隻隻活靈活現的巨大動物和昆蟲，透過作品嘗試將其可持續性、生態和社會意識連結起來。

里斯本的街頭藝術已遍地開花，進而活化了衰退老化的地區。2016 年的里斯本城市藝術節，市政府便邀集多位國內外街頭藝術家，在東邊市郊馬維拉區（Marvila）公共圖書館附近的社區建築進行創作。某天，我搭乘 793 路公車抵達「Rua Dinah Silveira Queiróz」站，受到集合住宅群那四面壯觀的塗鴉如門神般列隊歡迎。原本心滿意足拍完準備打道回府，但在當地居民們熱心指引帶路下，最後竟然在這荒郊野外收集到十面街頭塗鴉，真是太幸運了！

無論這些塗鴉是衝撞傳統或單純散播歡樂，街頭藝術已成為城市迷人的亮點，新舊交融的氣味，總讓人不時發出喜出望外的驚嘆。最初我為這裡的老靈魂而來，現在，朝聖新的街頭塗鴉，已是我每年重訪里斯本最期待的事。

Cena
Lisboeta

城市觀察

枝微末節、俯拾即是的美

　　或許是處女座神經質和多愁善感使然，城市裡的生活細節比知名景點更能抓住我的目光。還沒來這裡之前，藝術家好友妮可就鼓動她的如簧之舌，把這裡的光影講得如夢如幻，讓我腦中充滿了想像。然而，初到里斯本時，我拍照常覺得困擾，狹窄的街道，大太陽下，暗影不留情面遮蓋大半風景，怎麼調整相機設定都難兩全。直到某天不經意抬頭望，一排樓房的外牆上，有著對街建築灰黑的美麗輪廓。頓時，我才懂得欣賞它的美。天晴時，城市玩起光影遊戲，陽光映出變幻莫測的分身，時而溫和輕柔、時而張牙舞爪、時而露出淡淡憂傷，這就像是我感受到的里斯本，帶著若即若離的雙重性格。

　　除了光影和葡式碎石路，關於黑與白的迷人表現還顯露在隨處可見的烏鴉圖樣上。烏鴉是里斯本的象徵，相傳當時船隻載著守護神聖文生（São Vicente）的遺體自南部薩格里什（Sagres）回里斯本途中，有兩隻烏鴉一路相隨守護，所以許多公共建設和商標設計上都能見到烏鴉。至於白，是不少公寓牆上簡約潔白的郵箱，上頭有位吹著小號、身騎著紅馬的男子，這是葡萄牙郵政的標誌，「CTT」字樣則分別代表 Correios（郵政）、Telégrafos（電報）和 Telefones（通訊）。

　　公園和廣場邊常有乍看平凡，但代表城市文化的微型建築──露天販售亭「quiosque」。這種小而美的亭子最初自土耳其傳入歐洲，又經巴黎來到里斯本，1867 年，第一座 quiosque 誕生。亭子最早為販售鮮花、彩券、書報和香菸的攤位，但隨著時代變遷而沒落，到了二十一世紀初，才在政府規畫下陸續翻修。換上新裝的亭身保留伊斯蘭風味和新藝術運動（Art Noueau）的情調，同中求異的外觀設計，分別漆上鵝黃、墨綠、粉紅、紫白等鮮明色彩，展現自己獨特的性格。這股風潮也在城市裡蔓延開來，隨處可見仿舊的販售亭，而莫拉里亞區恩典花園（Jardim da Cerca da Graça）內的亭子，足足約有三層樓高，根本就像艘巨大的外星太空船。

　　昔日的書報亭現在成了露天咖啡館，當然也賣啤酒、葡萄酒、檸檬汁、

里斯本，沒落的美感

調味糖漿水「Capilé」、以扁桃為基底的飲料「Orchata」和特調冰咖啡酒「Mazagran」等道地飲料,搭配蛋塔、咖哩雞肉餃和起司蛋糕等小點。或者,花不到一歐元點杯濃縮咖啡,就能坐在鐵椅上享受里斯本時光。

　　說到鐵椅,如果你稍稍留意,里斯本各處販賣亭和許多餐館、甜點店的戶外鐵椅長得都一樣!這款名為「Gonçalo」的鐵椅,是由「Arcalo」公司設計製作,因為簡約設計加上好坐、耐用、易收疊而被廣泛採用。同樣的形體,搭配眾多顏色和材質變化,散置在各個角落,成為城市的招牌特色。

　　色彩繽紛的,還有處處可見的葡國公雞紀念品,以及街上各種觀光交通工具,除了紅、黃兩色的雙層觀光巴士外,特別是三輪嘟嘟車,為了吸引旅客目光,車身烤漆的顏色和圖案也變得花枝招展,而自從里斯本爆紅後,復古的邊車(sidecar)也加入觀光導覽行列,一起成為穿梭城市間的流動亮點。

　　如果你像我一樣是個觀察控,你也會發現這城市還有好多迷人的細節。

Rio Tejo

河流寬闊似海，岸邊愜意拾光

第一次看到這般寬闊的景色，我以為看到了大海。

不過，這只是條河，倚著里斯本的特茹河（Tejo，英文為 Tagus）。特茹河是伊比利半島上最大的河流，全長逾一千公里，源自西班牙阿巴拉辛（Albarracin）山脈，向西流淌橫越伊比利半島，通過里斯本，約在杜金舒（Guincho）注入大西洋。在葡萄牙最輝煌的大航海時代，特茹河口的里斯本是許多歐洲船隻遠洋探險的起點，而當葡萄牙四處征戰、建立起龐大殖民帝國時，自殖民地搜刮或進貢的財富也遠渡重洋傾倒入港，豐饒了這座河口城市。

特茹河有如強壯的手臂，溫柔擁抱里斯本，從萬國公園（Parque das Nações）、馬維拉區、艾克薩布拉加斯區（Xabregas）、阿法瑪、拜薩區、索德爾碼頭區一路流至貝倫區，伴隨不同地勢和地區景致，河川之美也隨之變化。

在市中心，不管從哪裡遠望，特茹河總是城市拼圖中的一塊，馬路街巷也像是一道道支流，最終都匯集至此。跨越商業廣場（Praça do Comércio），遊客們喜歡聚集在岸邊平台，這裡在幾世紀前曾是船隻往來停泊的碼頭。河面上有著細長的墩柱，常有海鳥在上頭停靠歇腳。左邊是開往對岸的渡船口，現在每天都有巨型遊輪停泊，數千名遊客搶灘上岸。視野向右，似遠不遠處，就是紅色的425大橋（Ponte 25 de Abril），而矗立在對岸山頭的大耶穌像（Cristo Rei）看來比綠色塑膠士兵還要小。

平台上，人們倚著低矮圍牆或石柱聊天拍照，一臉滄桑的背包客若有所思地抽著菸，放肆奔跑的小孩任由鮮豔的冰棒在手中融化。河濱步道 Ribeira das Naus 從商業廣場一路往西到索德爾碼頭區，夏天陽光炙熱，但沿著河岸散步，心裡總有種說不上來的舒暢。寬敞而傾斜的河堤成了石化的人造沙灘，即便禁止游泳，大家仍喜歡坐在這裡望著河面放空，或走在水陸交界的曖昧地帶，享受河水淹沒腳掌的沁涼。

大航海時代船隻進出、商務貿易的盛況，現在被另一番繁忙模樣所取代。豔陽下，每個人顯得懶洋洋，步道轉彎處有座葡萄牙抽象派畫家阿爾馬達（Almada Negreiros）的紀念碑，隔壁露天酒吧的躺椅常一位難求。偶爾我會點瓶啤酒、脫掉上衣、戴上耳機，和其他人躺成一排曬太陽，看著河面波光瀲灩，駛過的船尾吐出一串白色浪花，愜意的片刻，時間彷彿也被慢速播放了。

連續三年走訪里斯本，我都在這裡遇見一位亞洲面孔的街頭藝人。他戴著帽子，身旁有一瓶啤酒，說了幾句口白後，便彈奏吉他唱起歌來。他的聲線是舒服的粗獷沙啞，嘴角總是揚著，就像是里斯本的調調。亞洲街頭藝人在這裡並不多見，於是我主動趨前聊了幾句。他叫 Vo Minh Hau，越南人，不到三十歲，花了兩年在世界各地飄浪走唱，最後選擇落腳里斯本。

「我喜歡這裡的人和生活步調，就決定待下來了。」他聳聳肩，理所當然地說。

嗯嗯，我想我懂你的明白。

待在里斯本的日子，無論白天去了哪裡，最後幾乎都會被某種謎之音召喚回河岸，沒什麼特別目的，就是散散步，光腳泡在河水走上一小段，刷一刷自己在這座城市的存在感，而我喜歡這岸邊的里斯本，舒服自在。

O povo
Português

人的風景
含蓄內斂的熱情，剛剛好的溫度

無論美不美麗，人構築了城市風景的一角，也影響著你對城市的感受。

魯諾與喬安娜這對在越南自助旅行時認識的情侶，是我對葡萄牙的第一印象，也是讓我再三走訪里斯本的動力之一。

他們每年都會來機場接我，還記得第一次到訪，才剛踏進屋子，魯諾便說：「從現在起，就把這裡當自己家吧！」而我也馬上下定決心，這種朋友肯定是一輩子都不離不棄的呀！隔天喚醒我的，除了里斯本的陽光之外，還有引我來到餐桌旁的香味，鹹鹹甜甜的麵包糕點和起司優格擺出堪稱滿漢全席的陣仗，顯然不讓人餓著是葡式待客之道，就跟臺灣一樣。

魯諾是牙醫，喬安娜是護士，兩人生活忙碌，但為了讓我體驗最棒的里斯本，不時餵食大量在地玩樂情報，並淘淘不絕地導覽，偶爾也帶我去戶外派對跟朋友們吃飯喝酒、在深夜散步，還應我要求教我 foda-se、merda、puta que pariu 這些抒發情緒的粗口，我也還以臺語髒話進行交流，大家笑成一團。有一年剛好碰到我生日，他們貼心準備了蛋糕，並要我遵循一個疑似好笑惡搞的傳統習俗，就是蹲在桌底下，並咬下一小截蠟燭，如此一來，據說壽星的願望就能實現。

年紀相仿的我們，是好朋友也像家人般互相關心、無所不談，他們讓我深刻感受到葡萄牙人的好客和溫暖，所以每次再訪，都有種回到家的感覺。

除了他們倆，有天我在古爾本基安博物館（Museu Calouste Gulbenkian）吹冷氣增加氣質指數時，意外認識了藝術家佩德羅（Pedro）。他允諾我斗膽提出的拍照請求，隔日相約來到他在地下車庫的工作室，空間簡陋但寬敞，牆上靠著一幅幅大型作品。佩德羅擅長的技法，是在畫紙塗上幾層不同原料，再以電鑽剝離出輪廓、層次和顏色，靈感多來自建築與植物。他戴上耳機和隔音罩，點選想聽的音樂，自通風口滲入的陽光摻著燈管散發出的白光線，揚塵在空氣中翻攪。接著，他啟動鑽筆，鑽入自己的世界。里斯本當代藝術的現場直擊，成了我旅途中難得的體驗。我們的友誼就此展開，有空時他會載我去逛藝

廊、吃老饕餐館，後來發現我們竟然是同一天生日，便相約未來要聯手來個臺、
葡藝術計畫，以茲紀念友誼。

　　除了佩德羅，亞伯（Albert）是葡裔美國人，大半輩子生活在美國的他，
幾年前決定拋開一切搬到里斯本，尋找流著葡萄牙血液、內心的自己。也還算
是半個觀光客的他，跟我一樣熱衷鑽進住宅區的街巷和特色小店尋找新鮮事。

　　布魯諾（Brvno）最初則是陌生網友，他主動在臉書私訊求認識，是貼心
想幫臺灣女友米雪尋找同鄉聊天解愁。我們一起去聽巴西樂團表演、吃中國
菜、跑趴喝酒。布魯諾說他在臺灣時受到熱情款待，認為兩國人在本質上有許
多相似之處：草根性、好客、友善。而就我的觀察，相較於外放的西班牙人，
葡萄牙人的熱情顯得含蓄內斂了些。對我來說，這是剛剛好的溫度。

　　對了，才到里斯本沒幾天，我就發現一個有趣的現象。走在路上，不時會
看到老太太倚靠在窗台無所事事。她們無縫融入街景，始終保持沉默，但街上
的一舉一動全看在眼裡，日復一日。回到住處，我興奮地跟喬安娜分享我的觀
察，她笑問，你知道我們都怎麼稱呼她們嗎？

「社區監視器。」

我不禁笑出聲，這未免太貼切了。有人說，這些老婦人因為年輕時老公出海討生活，於是成天守在窗前望君早歸，久了成為習慣。雖然我想她們應該只是太閒，但無論為何，人在做、葡國大媽們都在看，而拍攝這些不插電的社區監視器，也成了在里斯本的樂趣，是一幕幕特有的生活景象。

社區監視器們臉上大多不帶情緒，但也有好心的老太太，比手畫腳提醒我背包的拉鍊沒拉上，要我小心扒手，讓人覺得暖心。另一次行經小巷，窗口有位打扮端莊的老太太和一隻戴著小紅帽的貓。我示意想為她拍照，她也以慈祥的笑容點頭回應，並指著一旁的舊剪報，原來是位舞台服裝造型師來著。不過，儘管她多番苦勸愛貓也看鏡頭，但愛貓一臉傲嬌，可鳥都不鳥。

在里斯本有不少街頭藝人，鬧區街頭彈唱的男子、非洲兒童熱情奔放傳統

舞蹈……讓我印象最深刻的，是位地鐵車廂裡的駝背男子。他的眼球明顯帶著傷痕，手持長鐵杖、掛著空罐頭、左手一根湯匙，便能敲打出清脆輕快的合奏。我很想為他拍照，但又怕引來異樣眼光而作罷，只是在鐵罐裡放入一歐元，而他微微點頭致謝，繼續敲打著，往下一個車廂前去。與其說是乞討者，在我眼中，他更像是一位演奏家。

　　隔年，我又在地鐵站巧遇演奏家，簡直像見到明星一樣興奮。無人地道中，他的身影顯得孤單。一直到他出現在對面月台，我這才拿起相機。男子佇留原地，拉整衣服、轉轉頭、敲了幾個拍子，調整一下自己。這時轟隆隆的聲響從隧道那端傳來，列車即將進站，我看到男子又敲了幾聲，開始緩步前進。

　　我想，一人樂隊的 show time，他準備好了。

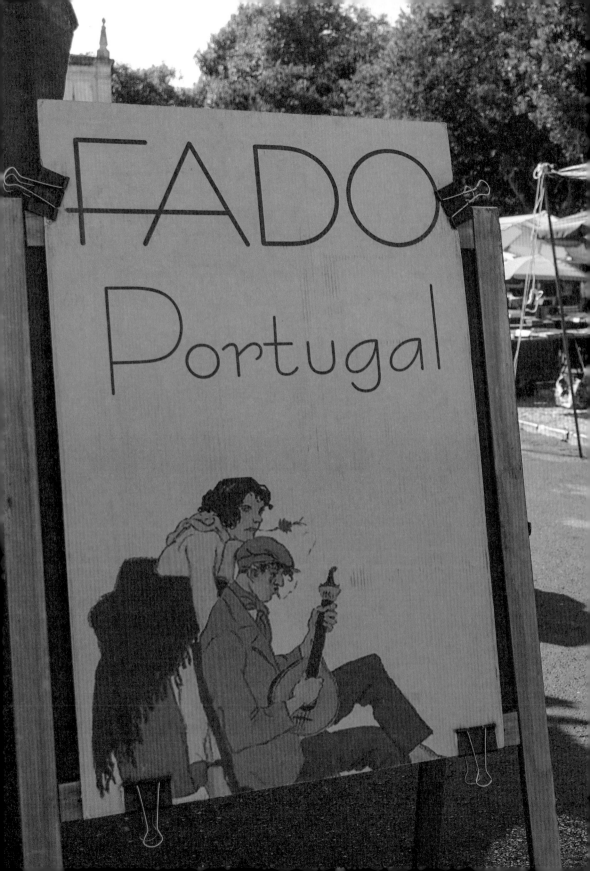

Fado

法朵之音
葡萄牙怨曲
如此惆悵

　　記得初次抵達里斯本的晚上，魯諾和喬安娜載我來到阿法瑪，在幽暗的小酒館享用晚餐後，我們隨意散步。六月天，微風吹來很舒服，我望著山坡間昏黃的燈火，耳朵暫時還聽不進任何景點導覽的字句。突然，山坡下傳來一陣女人的歌聲，像是聲樂，但嗓音粗厚了些。

　　「聽到了嗎？那就是法朵。」喬安娜微笑著說。

　　法朵，葡萄牙一門優美的聲音藝術，更是深層靈魂的象徵。原文Fado出自拉丁文，意即「命運」。相傳阿方索一世收復里斯本後，摩爾人便退居莫拉里亞區，也就是阿法瑪這山坡的另一頭，自此過著哀怨憤世的生活。隨著時間流轉，無形間注入自非洲移入的音律，以及殖民地巴西捎回的情歌歌調，逐漸發展出這種抒發傷感之情的音樂，在莫拉里亞和阿法瑪開始滋長。

　　傳統法朵唱的是勞動階層的心聲，貧窮失意的苦悶、水手遠航的鄉愁、女性的牽掛和對愛多麼痛的

領悟，因此也被稱為葡萄牙怨曲，帶點美國藍調的味道，也像是臺語歌，濃烈滄桑、愈悲愈美麗。這原本僅是社會底層間傳唱的小調，漸漸結合詩意的歌詞和押韻對句，在小餐館和酒吧蔓延擴大。爾後，除了訴離別，葡萄牙人的真情性格也逐漸融入歌聲與吉他旋律中，有悲有樂，成為一門有聲文學與鮮明的文化。法朵最重要的是特色是「saudade」，一個難以被簡短翻譯的葡萄牙文，是一種愛的感覺，但混雜著惆悵、憂傷、憧憬、壓抑、渴望和悲傷的情緒。

　　來到里斯本，若不親身聽場法朵，城市的拼圖就好像缺了一塊。道地的法朵通常在專門的小餐館演唱，稱之為法朵屋（Fado House），除了莫拉里亞和阿法瑪外，也遍佈在其他老社區裡，只要在門口招牌找到關鍵字「Fado」就對了，坐下來點份餐，就是法朵的門票。一位歌手，一把聲音清脆明亮、梨形的十二弦葡萄牙法朵吉他，一把中低音合奏的古典吉他，就是法朵的完美組

合。一身黑的打扮是法朵歌手和演奏者的傳統，以紀念十九世紀初的法朵之母瑪麗亞・塞維拉。她是一名風塵女子，淒美的歌聲令眾人為之傾倒，但才二十六歲便因肺結核辭世。

爾後最出名的，是 1920 年出生的艾瑪麗亞・羅德里奎茲（Amália Rodrigues），年幼時以賣水果和裁縫為生，也曾是名探戈舞者。她約莫在十九歲時成為專業的法朵歌手，收放自如的深沉情感，柔美中帶著堅強的嗓音，讓她從里斯本發跡，並在 1950 至 1960 年代站上巔峰。1999 年辭世時，首相甚至還宣佈為期三天的國殤日，以緬懷這位葡萄牙永遠的法朵女王。而現今，像是電影《里斯本故事》裡的聖母合唱團（Madredeus）、法朵之王阿弗雷多・馬賽內羅（Alfredo Marceneiro）、第一位獲頒拉丁葛萊美終身成就獎的卡洛斯・卡莫（Carlos do Carmo）和新銳首席女伶馬瑞莎（Mariza）等，都是世界知名的法朵歌手。

有天，我在莫拉里亞散步，為求應景，用手機挑了首艾瑪麗亞受眾人推崇的歌曲〈這就是法朵〉（Tudo Isto é Fado）播放，其中有段歌詞便是這麼唱的：

Almas vencidas 潰敗的靈魂

Noites perdidas 失落的夜晚

Sombras bizarras 不尋常的陰影

Na Mouraria 在莫拉里亞

Canta um rufia 痞子在歌唱

Choram guitarras 吉他嗚咽著

Amor ciúme 愛戀與嫉妒

Cinzas e lume 灰燼與火光

Dor e pecado 痛苦和罪惡

Tudo isto existe 一切的存在

Tudo isto é triste 都是如此的悲傷

Tudo isto é fado 這就是法朵

Oh~ 這就是宿命呀。

Festas
de Lisboa

聖安東尼節

彩帶高掛、飄著沙丁魚味的霧都

在葡萄牙，每個大城市會分別以一位天主教聖人的辭世日，作為當地獨特的紀念日，在里斯本便是「聖安東尼節」。西元 1190 年，聖安東尼（Santo António）出生於里斯本，因為學識淵博、為人謙卑、善於解經講道並致力於救濟貧窮，1231 年 6 月 13 日英年早逝後，教宗便封他為聖者，受後世推崇景仰，而這天也成為里斯本最重要的節日。

其實從五月底開始，里斯本就有一連串稱之為「Festas de Lisboa」的慶

祝活動，包括電影、展覽、音樂會、劇場表演、文學賞析等，也像是迎接夏日的到來，每年還會選出最佳的沙丁魚平面設計創作。而像是阿法瑪、莫拉里亞、恩典、上城這幾個舊城區的街巷，早在幾週前便陸續掛起七彩繽紛的紙帶和畫上笑臉的彩球，紅配綠的葡萄牙國旗當然更不可少。

在這之前，我想像中的聖安東尼節，是充滿濃厚的天主教氣息、處處聖歌悠揚、人們身著傳統服裝隨著民俗音樂載歌載舞，一副歌舞昇平的美好景象。但，沒這回事。里斯本人的慶祝方式，就是吃，大口地吃、開心地吃、無止盡地吃。

隨著日子愈接近，各地餐館、酒吧和雜貨店便開始在門口和街角擺攤烤肉，賣起啤酒和傳統的sangria（以紅葡萄酒為基底，加入水果切片、糖、橙汁、烈酒與蘇打水調製的水果酒，各家配方不同）。要在短時間記得各種食物的葡萄牙文並不容易，但「sardinha」這關鍵字不可不知，就是沙丁魚。

節慶期間，里斯本湧入數十萬條沙丁魚，不是正在烤肉架上，就是一條條躺在鹽漬的塑膠箱裡，捐軀滿足前仆後繼的食客。炭烤似乎是唯一吃法，不刷

萬家香、不滴檸檬汁或任何沾醬。一般的沙丁魚套餐會配上生菜沙拉和薯條，再簡單點，就是烤好放在一片土司上，三歐元，夾了就走。靠在吧台或蹲坐路邊吃魚挑骨，是入境隨俗的在地吃法。

　　除了烤沙丁魚外，豬排和香腸也是熱門選擇，總之，就是一個中秋節的概念。這幾天是里斯本的大喜之日，桌椅像辦流水席般，在街頭巷尾排起了長龍。這陣子里斯本成了霧都，空氣中瀰漫朦朧燻煙，混著微焦的魚味肉香和人們的歡樂喧譁，飄散到城市的每個角落。

　　節慶怎能沒有音樂助興？除了各社區廣場的派對活動外，不少攤位為了攬客也為了自嗨，把家中床頭音響都給搬來，用破表的超大音量，放的當然不是聖樂，而是不分老少都耳熟能詳的應景歌謠，像是〈里斯本的味道〉（Cheira a Lisboa）和〈葡萄牙之家〉（Uma Casa-Portuguesa）等，播到副歌時，大家會一起開心哼唱，一首接著一首。熱鬧氣氛就像傳染病散播城市四處，從下午一直嗨到凌晨兩、三點才肯罷休，而這就是葡萄牙人自在的性格和生活感，我完全愛上。

這段時間，你會在廣場和各個社區的巷弄裡看到階梯形的寶座，裝飾各異，但多半會擺放迷你的羅勒盆栽，頂端是聖安東尼懷抱聖嬰的塑像。這傳統可追溯到十八世紀，大地震摧毀了聖安東尼教堂，小孩們便製作並裝飾這樣的寶座來募款重建教堂。里斯本人幾百年來一直保留這項傳統，聯繫著社區生活和大眾信仰，也成為具代表性的地方風俗。

　　說到羅勒盆栽，這又是另一項傳統。聖安東尼被視為賜予姻緣的聖徒，是人們心中的愛神。節慶期間，年輕男孩會買一小盆羅勒（manjerico），中間插上紙做的康乃馨，還有一面小旗子，上頭寫著浪漫或幽默的四行詞句，送給心愛的女朋友。更暖心的是，每年 6 月 12 日，市政府會選出十六對缺乏經濟能力結婚宴客的準新人們，在里斯本大教堂為他們舉辦盛大的集體婚禮，接受所有人的祝福。

　　聖安東尼節另一項重頭戲，就是 6 月 12 日晚上在自由大道的遊行。遊行形式源於中世紀的夏至慶典和宗教盛宴，現在則代表根植於城市的地方傳統。那晚，我和也來此旅行的臺灣朋友們相約一起湊熱鬧，才剛入夜，大道兩旁便已萬頭攢動，不少人還戴上逗趣的沙丁魚造型帽。

　　遊行主要由里斯本各行政區的居民所組成，各隊無不爭奇鬥豔，男女全員穿上華麗浮誇的服裝，搭配歡樂的音樂節奏載歌載舞、變化隊形以搏取評審團青睞，當然也獲得現場民眾的熱烈掌聲加尖叫。遊行隊伍中不乏搶眼異想的大型道具，船隻、海浪和魚蝦，傳遞著葡萄牙這個昔日海洋大國的意象。

　　遊行結束後，我和朋友們道別，意猶未盡地順著散場人潮一路流洩到商業廣場，特茹河畔的派對正要開始。廣場上臨時搭建的巨大舞台，快速閃爍著迷炫的視覺影像，台上 DJ 打碟，音浪乘著夏夜涼風滲入耳朵，大家隨之搖擺、飲酒沉醉。嗨著嗨著，白人男孩和黑人女孩在眾人鼓譟下尬起舞來，大家開心吃喝，情侶忘情擁吻，此刻世界多美好，而聖安東尼節前的這一夜，可讓你捨不得太早入睡。

Futebol,
Marcha do
Orgulho LGBT

足球轉播、同志遊行

那是葡萄牙人的狂熱與愛呀

　　葡萄牙人口中有三個 F，分別是 Futebol（足球）、Fado（法朵）和 Fátima（法蒂瑪，葡萄牙中部的天主教朝聖地），足球這個全民運動的地位可見一斑。雖然我是個逢世界盃才會湊熱鬧的假球迷，但很難不被這番狂熱所感染。於是，我買了里斯本主場球隊 Benfica（全名為 Sport Lisboa e Benfica）的球隊徽章應景，路邊小販和餐館老闆看到都比讚說我識貨，還有店員告訴我，每次 Benfica 在自家球場出賽前，都會放老鷹在球場上飛翔。

　　來里斯本三次都沒碰上主場賽事，無緣感受萬人吶喊的震撼，不過 2016 年正好搭上歐洲盃，又適逢聖安東尼節，城裡陷入好一陣子狂歡。商業廣場上的巨大轉播銀幕自下午便開始播放當日賽事，葡萄牙出賽時更是人山人海，場邊啤酒攤大排長龍，小販們四處兜售，而我花三歐元買了面葡萄牙國旗，興奮地融入人群。

　　罰站的這幾個小時，所有人的情緒都乖乖被牽著走，一起吶喊歡呼、緊繃神經、嘆氣哀嚎。進球時歡聲雷動，球迷們高舉國旗和專屬圍巾，一片紅綠，如信徒般宣示效忠，而葡國英雄 C 羅無論有沒有進球，總能得到最多特寫鏡頭。不想去廣場人擠人沒關係，各家餐館酒吧同樣熱鬧，叫個便餐或點杯啤酒坐著看比賽也很享受。某夜我走在舊城區街上，此起彼落的歡呼和惋惜聲如同山谷迴音自四面八方傳來，我想起了臺灣人的棒球狂熱。

　　最後，葡萄牙在不被看好、C 羅因傷退出決賽的情況下，竟爆冷以 1：0 擊敗法國奪下葡萄牙史上首座歐洲盃冠軍，太令人開心了！

　　另一場鏡頭下的「群眾運動」，是里斯本每年在六月中下旬的同志遊行，以王儲花園（Jardim do Príncipe Real）為聚集地。晴朗的午後，我穿梭人群中尋找理想畫面，有些人正為自己和同伴畫上彩虹標記，其中兩個女孩在紙板寫上「CONTRA O FALSO PUDOR」，反對虛假的世俗道德，另一字「poliamor」便是多元的愛。

　　葡萄牙是天主教國家，八成國人是教徒，然而葡萄牙已在 2010 年立法承

里斯本，沒落的美感

認同性婚姻合法，足顯宗教和社會環境的開放性。公園裡打牌的老伯們顯然毫不在乎遊行訴求如何，或許心裡保守，但手上的牌該怎麼打，才是他們在意的事。公園另一端是三位活力滿載的阿婆，她們披掛彩虹旗和天使翅膀，隨音樂揮舞手上「＃KeepDancing」、「＃KeepKissing」的標語，大方與路人拍照合影。在傳統保守的少女時代，她們可能必須壓抑自己的情感和慾望，而現在，她們笑得多開心。

　　過了一會兒，前導車開始緩緩前行，眾人撐起一面巨大彩虹旗，六色波浪在陽光下鮮豔亮眼。遊行路線順著王儲花園旁的佩德羅五世大道，一路下行到特茹河畔。有意思的是，現場少見煽情、肉慾和過度妖嬌的打扮（偶爾是有桃紅色閃亮緊身褲），沿途不斷有路人加入填滿整條道路，跟著彩虹旗一起散步，伴隨鼓聲的歡樂節奏，大家在街上忘情跳舞。

　　一面揮舞在空中的彩虹旗，背景是葡萄牙第一座耶穌教堂「聖洛克堂」（Igreja de São Roque）。神愛世人，而這天是同志更能大方擁抱、做自己的日子。人群中不少是父母帶著小孩一同參與，這是很棒的生活教育。事實上，葡萄牙甫於 2017 年通過法案，成為全球第二十四個允許同性伴侶收養小孩的國家。無論是有兩個爸爸或兩個媽媽，能對小孩投注滿滿的愛，我想那才是最重要的。

葡國料理

伊比利半島式的
海味山珍

　　葡萄牙大陸的海岸線總長約九百四十三公里,飲食深受大西洋和地中海的影響,氣候溫和、漁產豐富,這個在歐洲不算大的國家,是海鮮愛好者的天堂。傳統葡萄牙的海鮮料理保留純樸的烹飪方式,多以橄欖油、大蒜、番茄和海鹽調味,醬汁也沒有太複雜的變化。

　　相較於精緻餐廳,我還是喜歡小餐館的氣氛多一些,暈暗狹窄的空間被幾盞日光燈照得死白,前場服務生忙進忙出,廚房裡穿白色制服的廚師被煙燻得面帶油光,而挺著大肚、靠在櫃台前吆喝的通常就是老闆。店內被餐桌椅和食客們擠得水洩不通,大伙們在鬧烘烘的空間裡吃著熱呼呼的菜餚,配上啤酒、紅酒,舉目還有電視新聞和足球轉播。通常服務生會先遞上橄欖、麵包、奶油和沙丁魚抹醬,但記得這可不是免費的,不想吃可以直接說不需要或原封不動,服務生就會收走不算錢。

　　要說我最愛的前菜,那絕對是

章魚沙拉（Salada de Polvo），章魚煮熟切塊後，混入切丁的洋蔥、番茄、大蒜和巴西里葉末，以橄欖油和白酒醋拌勻，Q彈爽口、酸得開心開胃。

　　跟朋友們共享，海鮮拼盤（Mariscada）肯定夠澎湃。先用橄欖油將大蒜炸得酥脆，再把螃蟹、明蝦、淡菜和蛤蜊堆疊在平底鍋內，豪邁地撒上海鹽火烤，就能呈現原汁原味，最後擠片檸檬，讓酸引出海鮮的甜，配上啤酒痛快吃喝最是過癮。嗑完海鮮拼盤後，別忘了用麵包沾抹鍋裡融合海鮮和蒜香的橄欖油，吃乾抹淨，萬萬不可浪費。

　　「Muito bom！」（好吃）是我學來、發自內心的讚美。

　　我是西班牙海鮮燉飯的擁護者，所以第一次點葡萄牙海鮮燉飯（Arroz de Marisco）時，覺得一鍋湯湯水水賣相不佳，但嚐了一口便欲罷不能。葡國海鮮燉飯的作法和用料各家不同，但簡單來說，是以番茄（醬）、大蒜、橄欖油和豬油為基底，加上巴西里葉末、洋蔥和月桂葉等香料熬煮成濃稠的湯汁（有的還會加白酒或啤酒），放入各式甲殼類海鮮及生米煮成熟飯。葡國海鮮燉飯比較像是泡飯或粥，外表樸實但內容華麗，吸飽湯汁的米飯軟綿但仍粒粒分明，且能在濃郁的番茄香中嚐到海味的鮮甜。熱騰騰的燉飯不但暖胃，還給了

想念臺灣食物的我那麼點鄉愁慰藉，讓人回味無窮。除了海鮮燉飯外，鮟鱇魚燉飯（Arroz de Tamboril）也是葡萄牙特色料理，如果你重口味，別忘了跟老闆要罐道地的 Piri Piri 辣椒油更是過癮。

除了海鮮燉飯，鱈魚（Bacalhau）料理也不可錯過。葡萄牙號稱全球最大的鱈魚消費國，鹽漬鱈魚的作法更是享負盛名。早年漁民會將捕撈的漁獲先行風乾鹽漬，以求在遙遠的航程中保存肉質。鹽漬鱈魚自十五世紀起廣泛成為葡萄牙的道地料理，在超市或賣蔬果魚肉的雜貨鋪，你都能看到一片片雪白的鹽漬鱈魚，買回家後要先經過約四十八小時的清水浸泡，去除表面鹽分後才能開始料理。若你跟當地人提到鱈魚，他們都會驕傲地跟你說，在葡萄牙，我們可是有一○○一種料理鹽漬鱈魚的方式呢！

鱈魚料理鋪天蓋地，而我的首次嚐鮮，獻給了位於市中心的傳統餐館「Chu-Chu」的鱈魚球（Bolinhos de Bacalhau），就是將剁成屑末的鱈魚肉，加上馬鈴薯泥、洋蔥、巴西里葉和蛋黃攪和，捏成橢圓球狀再炸得金黃酥脆，口感綿密，吃得到清爽的魚味和蛋香。

另一次，佩德羅帶我到市郊以鱈魚料理聞名的「Marítima de Xabregas」

吃飯。才進門便發現裡頭清一色全是老人，顯然這是一間隱藏版的老饕愛店。招牌菜是炭火炙烤鱈魚（又以腰內肉最好吃），搭配小馬鈴薯、胡蘿蔔和甜菜根切片，重頭戲是可依照自己喜好澆淋熱騰騰、和著大量蒜末的橄欖油，肉質滑潤，滋味鹹香，食材的原味，讓我的口腹和腦袋獲得最大的滿足。

除了海味，豬肉是葡萄牙最普遍的山珍，混合多種肉類的葡式燉菜（Cozido à Portuguesa）是經典料理。將牛肉、豬肉、雞肉、香腸和白菜、胡蘿蔔、大米、馬鈴薯、鷹嘴豆等食材一起燉煮，全國各地區都有自己的特色作法，但不變的是滋味濃厚豐潤。此外，一般餐館都會賣豬排飯（Secretos de Porco），通常是先將豬肉薄片浸泡塗抹白酒、蒜和海鹽入味後再煎，不過配菜通常只有生菜、胡蘿蔔絲、煎蛋、薯條或白飯。老實說，豬排飯賣相普通，肉質也略顯乾澀，我吃了幾次並沒有太大好感。直到某天跟魯諾參加朋友聚餐，同樣是平價餐館，吃到的豬排竟然又香又軟嫩，這才知道豬排也分等級，所以若在菜單上看到「Porco Preto」（伊比利黑毛豬）這字樣不妨就點下去，價格稍微貴一點，但絕對物超所值！

除了豬排飯，豬扒包「Bifana」也是廣受歡迎的庶民小吃。基本款是兩片麵包中間只夾豬肉片，讓麵包吸飽肉汁，再加一些芥末或辣椒醬。單吃我覺得還是略乾，但配上葡萄牙啤酒 Super Bock 或 Sagres 就對了味。現在有些攤販或店家還賣起加上培根、洋蔥、蛋、起司的超值版豬扒包，也成為里斯本人消夜的好選擇。

小餐館裡還有一道道地下酒菜「Caracóis」，整盤堆疊如丘的小蝸牛。其作法是用奧勒岡葉加大蒜和洋蔥熬煮半小時，就是一個燒酒螺的概念，只是會看到蝸牛的身體和觸角。我花了點時間克服心理障礙，吸吮了第一隻，竟是超乎想像地涮嘴下酒，然後就一吸接著一吸，完全停不下來呀！

關於吃，我覺得葡萄牙跟臺灣的待客之道很像，當地人會熱情推薦你嘗試各種小吃，就怕你錯過了什麼。而中外皆然，髒話也可以表達對於食物的讚美，所以我從魯諾那裡學到的另一句話是：

「Foda-se que boa！」（靠！超讚的。）

葡國料理

Chu Chu
◎ R. de Santa Marta 31D, Lisboa

Marítima de Xabregas
◎ R. da Manutenção 40, Lisboa

日常甜點
玻璃櫃裡，
黃澄澄的誘人罪惡

里斯本，沒落的美感

用「鹹鹹甜甜」形容葡萄牙的食物再貼切不過，除了各種料理都豪邁地撒上海鹽外，無糖不歡的葡萄牙人顯然肚子裡多了（至少）一個吃甜食的胃。葡萄牙傳統甜點的起源很有意思，中世紀時，修女們利用蛋白上漿讓頭巾能更為硬挺，為了不浪費，就用剩餘的蛋黃來做甜點。因此，主要以蛋黃和糖為基底的傳統甜點，也被廣稱之為女修道院甜點（Doces Conventuais），還取了像是主教切片（Fatias de Bispo）、修女的肚子（Barriga de Freira）、院長的耳朵（Orelhas de Abade）等有趣的名字。

不過，葡萄牙最讓人魂牽夢縈、覺得罪惡但還是忍不住天天吃的，肯定是蛋塔（Pastel de Nata）了！在里斯本吃過上百顆蛋塔，食而無感的也不算少，我的心得是，一顆完美的蛋塔，層層外皮要薄酥鬆脆，表面略為焦皺尤佳，卡士達內餡要像果凍般滑順，嚐來蛋香濃郁不甜

Pastelaria Versailles

074

Pastelaria Mexicana

膩，溫熱時最好吃，冷掉之後也應該保有美味。然而，就像嘉義雞肉飯一樣，到底是油蔥香的劉里長還是雞肉嫩的郭家好吃，大家各有所好，不過蛋塔創始店「Pastéis de Belém」和市區的「Manteigaria」，都是公認天壽好吃的等級，非嚐不可。

　　玻璃櫃裡的視覺誘惑滿街是，讓偏愛鹹食的我也難抗拒想吃甜點的癮頭。有的藏身陰暗雜貨鋪裡，邊吃邊有鄰居進出買菜閒聊；有的是街角早餐店，跟當地人一起站著吃，先來個鹹的，再來個甜的，配上一杯濃縮咖啡，然後展開新的一天。而傳統餐館裡最常吃的飯後甜點，就屬烤布蕾（Leite Creme）、橘子蛋糕（Bolo de Laranja）、杏仁派（Tarte de Amêndoa）和像是雲朵、有時會加上蘋果泥的蛋白霜（Farófias）了。

　　走在路上，認明招牌上有「Pastelaria」字樣的就是甜點店，通常也兼營餐館。玻璃櫃裡展示著琳琅滿目的食用珠寶，每次都讓人想趴在上頭瞪大眼看個究竟。除了傳統葡萄牙甜點外，來自法國和西班牙等歐洲甜點也早就歸化入藉，餵養每個人心裡那個嗜甜的胃。

　　Pastelaria 滿街是，古爾本基安博物館附近的「Pastelaria Versailles」稱得

Confeitaria Nacional

上里斯本最華麗。1922 年開業,以法國凡爾賽宮為名,門口是金光貴氣的招牌和仿舊的希臘門柱,內部空間呈現新藝術風格的典雅細節,黑白大理石、水晶吊燈和鍍上金邊的大面鏡顯得氣勢逼人,吧台木雕壁櫥擺放各款洋酒,玻璃櫃裡堆疊的甜點和餅乾麵包在燈光下閃閃動人。

　　穿著棗紅色背心的服務生是位態度親切的老紳士,我一貫懶人步數請他推薦,最後捨棄烤火腿奶酪三明治,直接進攻法式千層酥(Mil Folhas)、蘋果派(Tarte de Maçã)和鮮奶油泡芙。這裡的甜點紮實濃郁,適合來杯招牌的莫三比克紅茶一同細細品嚐,而我還喜歡的,是杯盤聲間溫暖熱鬧的老派氣息。

　　在地人推薦的「Pastelaria Mexicana」位在市中心北邊的中產階級住宅區,因為這一帶早期稱作墨西哥廣場而命名,有著更閒適的生活感。店內一面出自葡萄牙超現實主義藝術家克魯賓·拉帕(Querubim Lapa)的彩色陶瓷鑲板創作〈墨西哥的太陽〉(Sol Mexicano)是吸睛的鎮店之寶。這裡許多甜點都屬一口吃的小尺寸,害我忍不住狂點了小蛋塔、蛋黃糕(Doce de Ovo)、椰子塔(Mini Co Co)和摻著萊姆酒的 Bolo Babá。我坐在露天座位的濃綠色Gonçalo 鐵椅上,享受一小口又一小口的葡萄牙香甜,讓心情和身體雙倍舒暢。

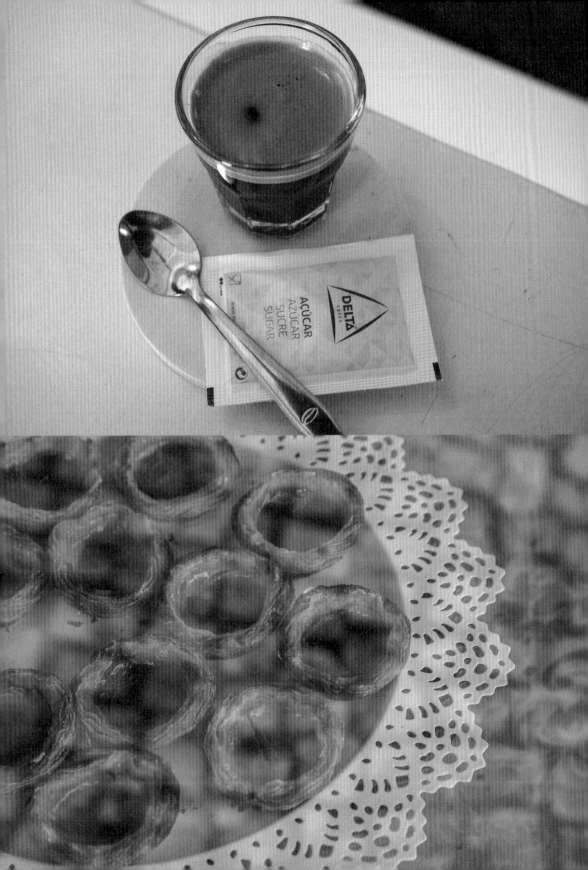

　　無花果樹廣場（Praça da Figueira）角落的「Confeitaria Nacional」號稱是里斯本最古老的甜點店，推開古典木門，金色的「1829」數字足顯悠久歷史。延續十九世紀初的風格，有趣的波浪設計，極盡所能將櫥櫃都嵌進奶油色牆面，再以鏡面天花板加乘一倍華麗。店內所有甜點至今仍以傳統食譜手工製作，並融合異國風味。最經典的是 1850 年自巴黎引進國王餅改良成的「Bolo-Rei」，在白麵糰鋪上葡萄乾、各種堅果和水果乾烘焙，豐富口感使得它一炮而紅，躍升家喻戶曉的葡萄牙聖誕蛋糕。1873 至 1910 年間，Confeitaria Nacional 被欽點為六代皇室的御用糕點供應商，店鋪自然也成為地方仕紳的聚所。直到現在，仍能從裝潢細節和古董打字機等老物件，感受到它的往日風采。而這近乎兩世紀的皇家滋味，不用幾枚硬幣就能享受到。

　　在葡萄牙，吃甜食、喝咖啡並不會讓你又胃食道逆流，甘苦和香甜的完美平衡，是敝人最誠心的推薦。在葡萄牙點咖啡，菜單上有幾個字不可不知。「BICA」是濃縮黑咖啡，其名源自老字號的巴西人咖啡館（Café A Brasileira），據說早年在推銷這款巴西進口豆時，因為風味苦澀，所以特別在店裡貼了張小告示「Beba Isto Com Açúcar」（加點糖喝），取其字首就成了BICA。葡萄牙人都知道 BICA，但到了北部大城波多（Porto），「Cimbalino」是更適切的說法。濃縮黑咖啡的量還能要求少（curto）、滿（cheio）和用咖啡豆二次榨出、咖啡因含量較少的「Carioca」（原意是來自「里約熱內盧」）。「Meia-de-Leite」就是一般所稱的拿鐵，「Galão」則是再多加點牛奶，並以玻璃杯盛裝，還有再細分「claro」（清澈，代表更多牛奶）和「escuro」（黑暗，代表更多咖啡）。

　　關於咖啡的字彙還有許多，也足見葡萄牙人對於喝咖啡的講究。雖然在觀光地區用英語點咖啡也能通，但不妨入境隨俗，跟服務生說句：

　　「Uma bica, se faz favor!」（一杯濃縮黑咖啡，謝謝！）

Pastelaria Versailles
Av. da República 15-A, Lisboa
Pastelaria Mexicana
Av. Guerra Junqueiro 30 C, Lisboa
mexicana.pt

Confeitaria Nacional
Praça da Figueira, 18 B, Lisboa
www. confeitarianacional.com/pt/home

2 *capítulo*

迷走在里斯本的巷弄間

里斯本的市中心不算大，但各區皆有自己獨特的性格，因此即便山坡起伏走來累人，你仍捨不得就此打住，好奇再走上一段，還會遇見什麼風景，而留心觀察，你會發現，里斯本的魔力，就依附在途中的枝微末節裡。

Baixa

拜薩

　　位於里斯本臨河的中心地帶，現今的拜薩區主要是在 1755 年大地震後所重建，東邊是舊城區阿法瑪，西面是繁華的希亞多和上城，北上通向自由大道，往南投入特茹河的懷抱。這裡也稱為龐巴爾下城（Baixa Pombalina），得名於首相龐巴爾侯爵的災後領導，棋盤式街道和重要建築地標，里斯本驕傲的門戶，都是經他之手佈局規畫。

　　身為最大的遊客聚散地，接近中午時分，拜薩區的人潮便絡繹不絕，搭遊輪上岸、從四方街巷匯入的人們，到各大廣場和地標拍照打卡，在餐廳、甜點店和咖啡館坐下後，貪吃的嘴和嘈雜的交談聲就沒停過。夏天可能人手拿著飲料冰棒，秋冬天冷時，就會看見路上有攤位冒起濃濃灰煙，代表吃烤栗子的季節已經來臨。這裡不時可見色彩鮮豔的觀光巴士，有些嘟嘟車在頭燈裝上假睫毛，載著客人四處環遊導覽，即便再怎麼嫌棄這裡太觀光，這歡樂忙碌的葡式風情，還是吸引我一來再來。

　　更令人驚訝的，是拜薩區竟然是自河上建地，地底深處有數不清的木柱縱橫排列，與特茹河水共同支撐起這一大片繁華地帶！

羅西歐廣場

黑白相間海波浪

　　市中心的羅西歐廣場是許多人探索里斯本的起點，大家不約而同來此簽到，接著遁入四方街巷。廣場人潮熙攘、鴿群盤旋飛翔，而腳下踏的，是黑白相間的碎石波浪。

　　這裡早年是里斯本重要的集會場所，宮廷慶典、宗教裁決和群眾起義，甚至鬥牛活動都曾在此舉行。現在，老飯店、咖啡館、餐廳和各式商店林立，超過百年的香菸店「Tabacaria Mónaco」仍漫著老菸槍的仕紳風雅，舊戲院「Animatógrafo」門前新藝術風格的門框依舊搶眼，彩券行承載著當地人的夢想，還有電信門市可辦 4G 網卡。像顆黃檸檬的小攤車裡販售各種觀光行程和票券，遊客交織如梭，有人索性脫鞋趴在石凳上寫明信片，噴泉洋溢夏日清涼。

　　廣場上屹立的是佩德羅四世（D. Pedro IV）的紀念柱，這位國王曾放棄葡萄牙王位，在 1822 年宣佈殖民地巴西脫離葡萄牙獨立，並成為巴西帝國的皇帝，但最終他又重回葡萄牙，為推翻專制統治而征戰。北邊噴泉後方是瑪麗亞

二世國家劇院（Teatro Nacional D. Maria II），六根稜柱門廊、拱門和方形窗戶，是里斯本最具代表的帕拉第奧式（Neo-Palladian）建築。劇院雖在大地震中倖存，卻毀於 1836 年的一場大火，重建後過了百餘年，再次遭祝融，直到 1978 年才徹底修復。

　　有時，我會忍不住凝視地面上的黑白波浪，看久了，眼前的波紋在豔陽下便似幻覺般無止盡地迴向擴張，它們是葡萄牙的紋身，紀念海權帝國的榮耀，而我也就這麼在這片汪洋上，悠悠搖擺著。

羅西歐車站

門廊上的奶油拉花

　　就在羅西歐廣場西北側，初見這車站時，我被雕飾繁複的馬蹄形門廊所吸引，以為這是棟博物館。1890 年完工的車站是里斯本早期最重要的交通樞紐，現在主要連結里斯本西線到辛特拉（Sintra）的交通。車站外觀採十九世紀中期盛行的新曼紐爾式（Neo-Manueline）風格，以螺旋柱、王室徽紋及大自然元素作為窗框雕飾，就好似擠上奶油拉花，呈現華麗浪漫的玩味感。車站後方有我喜歡的一幕，視角穿越窄巷後，佩德羅四世紀念柱和山坡上的紅磚房舍、聖若熱城堡，形成一線天的美麗景色。2016 年，這裡曾發生重大悲劇，一名白目少年爬到葡萄牙第十六任國王塞巴斯提安（Dom Sebastião）的雕像旁自拍，結果雕像應聲倒地碎裂，享年一百二十六歲。少年因此被捕，二十六歲後的人生未卜，只知道雕像正在修復中，會有重回崗位的一天。

📍 R. 1º de Dezembro, Lisboa

A Ginjinha 櫻桃白蘭地專賣店
with or without

即便身邊圍繞一堆見酒眼開的朋友，酒量奇差始終是我的致命傷，然而再怎麼不勝酒力，葡萄牙出了名的「ginjinha」還是得來嚐嚐。

這種利口酒廣見於里斯本、阿爾科巴薩（Alcobaça）和奧比多斯（Óbidos），並有著各自的釀造傳說。里斯本的版本之一，是約莫在 1840 年，來自加利西亞的修道士因見果園生產過剩，便以葡萄牙白蘭地 aguardente 浸泡 morello 酸櫻桃，加上糖和肉桂等配方，經過四到五個月的發酵，釀出如紅寶石色澤的甜烈酒，濃烈的勁道，就好似葡萄牙人的粗放性格。

羅西歐廣場外圍的「A Ginjinha」號稱 ginjinha 創始店，店面狹小如窖，除了門口的舊畫報外，稱不上有什麼裝潢。不鏽鋼櫃台上有只玻璃瓶，裡頭堆疊一顆顆被泡成赭紅色的櫻桃，喝一小杯，不到二歐元。

「With or without？」店員問。

他見我楞住，便指著瓶中的櫻桃，原來是問要不要加一顆嚐嚐。

「With, obrigado.」不管吃不吃，先肖貪再說。

傳統上，葡萄牙人習慣在飽餐後飲用 ginjinha 平衡味覺，但這年代喝酒是不需要看時辰的。付錢領杯後，大家站在門前直接享用，因酒精濃度高，鮮少有人膽敢一乾而盡，多是先啜飲一口入喉，再用嘴唇舌尖，細品混著酒精與果香的餘韻。我以龜速沾飲，跟一旁的中年熟客閒聊起來，他順口推薦了幾處在地心頭好。

「我最喜歡去『PARK』，那裡的妹都很正。」他嘴角和眼尾彎出風流得意的笑容。

拍照時，他指著老闆說：「拍他拍他，他可是里斯本最醜的男人呀！」只見忙著倒酒的老闆翻白眼嘀咕了幾句，而一旁的酒客們都笑開了。

 Largo São Domingos 8, Lisboa   A Ginjinha Espinheira

Igreja de São Domingos
聖多明我堂

廢墟裡遇見天堂

　　好不容易喝完 ginjinha，帶著微醺，走沒幾步路，聖多明我堂就在隔壁。據說因為教堂有位黑人牧師，所以這裡常見非洲移民聚集，還有幾名小販賣乾果雜糧和神祕藥方。但顯然他們頗具防備心，幾次路過不小心四目交接，總是被以臭臉相待。

　　屬羅馬天主教的教堂始建於 1241 年，門面樸實無奇，但踏入大殿，眼前所見卻美得令人瞠目結舌，但並非坐擁金碧輝煌。時光回溯到 1506 年，一名猶太人被視為異教徒，遭押送至羅西歐廣場處以死刑，進而引發城內反猶太人的大屠殺。之後，聖多明我堂便如同鄉土劇的悲情女子，一路走來飽受磨難。

092

先是被一場野火燒盡，重建後又在 1755 年被大地震和海嘯摧毀，又過兩百年再遭祝融，所有裝飾、掛毯和珍貴畫作皆化為灰燼，牆面在烈燄下剝離崩解，留下歷史的傷疤。

　　願不幸都留在過去，聖多明我堂於 1994 年重新開啟，並凍結了時光。教堂內部刻意保留原有結構，斑駁裸露的石牆上仍抹著焦黑，但隱約可見昔日巴洛克的浮華，傲著風骨，繼續撫慰苦難的云云眾生。

　　洗盡鉛華後，少了瑞氣千條，寬闊空間顯得幽暗，陽光自屋頂高窗映透至每個角落，反倒讓人覺得更加莊嚴平靜。繞了一圈後，我坐在長椅上放空了好一會兒。教堂裡，人們散步、沉思、凝視、祈禱，而我看著前方的男子，靜默地向上天傾吐心中的話。

📍Largo São Domingos, Lisboa

奧古斯塔大街
遊客星光大道

　　羅西歐廣場四面有許多支巷通往各處，想去特茹河，往南的奧古斯塔大街是最熱鬧的一條。每天中午起，街上便開始湧入大量遊客，由兩旁購物商店和餐廳列隊歡迎，櫥窗掛上一整片鹽漬鱈魚和章魚腳，疑似老字號的甜點店，紛紛擺著六顆蛋塔只要六歐元的特價。紀念品店是一間間複製羊，但那些舊時代生活場景的復古明信片的確漂亮。商業氣息和遊客笑容滿載，是奧古斯塔大街的每日寫照。

　　寬闊筆直的碎石路中間，一整排大陽傘如向日葵綻放，傘下美食、甜點與葡萄酒鋪張。眼前這些人大多坐沒坐相，悠哉翹腳納涼、大口吃飯、談笑喧鬧。要說葡萄牙得人疼的地方，就是即便在這種適合坑殺遊客的熱門景點，食物價格還不至於貴到誇張。要說最有人氣的，大概就是「Casa Portuguesa do Pastel de Bacalhau」，加了葡萄牙 Serra da Estrela 起司的炸鱈魚球配上葡萄酒，是最受歡迎的立食組合。

　　或許是長年旅行經驗所染上的自命清高，我對這類觀光大街有些無感，連拍照都覺得意興闌珊。真要說得上喜歡，大概就是在晚上十點後，人潮逐漸散去，商家陸續收攤打烊，這時你便能吹著涼風，跟三三兩兩的路人們在空蕩蕩的奧古斯塔街上，大搖大擺。

Arco da Rua Augusta, Praça do Comércio

奧古斯塔拱門、商業廣場

歡迎光臨海洋帝國

拜薩

棋盤狀的街道橫向切割奧古斯塔大街，每次在唯一有紅綠燈的路口前停下時，總會期待老電車能從眼前駛過，伴著盡頭高聳的奧古斯塔拱門，重現舊日時光。拱門高三十公尺，為大地震災後所建，於 1875 年完工，起初是座鐘樓，現在則是象徵里斯本光榮歷史的凱旋門。樑柱上立著龐巴爾侯爵和航海家達伽馬等歷史人物的雕像，兩側男性臥像是特茹河和杜羅河（Douro）這兩條葡萄牙大川的化身。頂端七公尺高的榮耀女神，手持桂冠為分別代表勇氣和智慧的英雄加冕，底下刻的拉丁文告訴世人：「永遠景仰偉人的高潔情操，奉為世俗之圭臬。」而拱門的存在，也象徵著里斯本自地震的瓦礫中重新站起。

穿越拱門後，迴廊向兩側延伸，包圍佔地三千六百平方公尺的商業廣場。十六世紀初，曼紐爾一世將里貝拉宮（Paço da Ribeira）從阿法瑪山上的聖若熱城堡遷移至此，

可惜隨後被大地震和海嘯徹底摧毀。很難想像這裡曾是一片海灘，碼頭停泊無數船隻，是葡萄牙重要的貿易集散地。災後重建的商業廣場，理所當然成為葡萄牙的對外門戶，也是首都政治權力的歷史象徵。隨時代演變，現在每週演唱會、足球實況轉播等各種活動輪流上陣，呈現另一番繁榮的商業盛況。

　　從河岸回頭望，廣場中央豎立著國王若澤一世（José I）的騎馬英姿，相傳他腳下踐踏的蛇群代表被驅逐出城的猶太人。三面為有八十六座拱門和兩座舊炮台的雙層建築，裡頭現在多是政府機關、露天餐廳和咖啡館，包括 1782 年開業、里斯本第一家咖啡館「Martinho Da Arcada」。遠觀時，它就像守護里斯本的堅強堡壘，張開巨大雙臂，溫暖環抱這片土地與子民們。

　　某天，我花五歐元登上拱門觀景台，以三百六十度的視野盡興瀏覽這座城市。一邊，奧古斯塔大街就在腳下，或許是遠離人潮的關係，這條商業化的大街看來順眼多了。右側，一位捲髮的女士倚著牆欣賞風景，微風挑逗起她的碎花裙襬，襯著遠方阿法瑪的山坡和房舍，我也跟著癡望了一回。

　　後來，我站在巨大腳掌邊，跟這些偉大雕像們一起俯瞰商業廣場和寬闊似海的特茹河，伴隨陣陣風嘯及夕陽溫和的橙黃色調，若澤一世和如螞蟻般移動的人們在地面拉長了身影，呈現出靜謐的美感。

　　隱約中，我彷彿也嗅到了來自大海的氣味。

Elevador de Santa Justa
聖胡斯塔電梯
一隻雷龍躲暗巷

　　相較於歐洲其他大城，里斯本市區鮮少有排隊排到天荒地老的景點，真要抓一個來認罪，那就是聖胡斯塔電梯了。四十五公尺高的電梯擠在 Carmo 與 Aurea 兩條道路中間樓房的夾縫，鍛鐵結構似曾相見，因為出生波多的設計者 Raoul Mesnier de Ponsard 曾師事打造巴黎鐵塔的工程師。電梯於 1902 年啟用，最初使用蒸汽驅動，1907 年改為電力運轉至今，並在上頭築空橋連接卡爾莫廣場（Largo do Carmo），以救贖人們炎夏行走於陡峭山丘之苦。

　　熟鐵在當時既是建材，也是呈現藝術形式的媒材。電梯以直柱橫樑支撐，各層再鍛造出新哥德風格的拱門與窗花，還有頂層觀景平台邊角的螺旋樓梯。每次仰望都覺得它像隻伸長脖子的雷龍，白天看來呆萌，夜晚又變得暗黑霸氣。電梯內的木造車廂有濃濃的懷舊感，電梯向上時，透過雕花外不斷變化的風景，得以讓乘客將自己從繁忙街道中暫時抽離。開門後，視野寬闊許多，但你得再付二歐元才能登上露天觀景台。

　　那天接近日落時分，圍欄倒影在水泥地面映出一長串紙花，沐浴在混著橘紅和澄黃色陽光下的里斯本看起來很暖和。同樣有著三百六十度環景，拜薩和上城區忙碌的街景盡收眼底。從這裡也看得到奧古斯塔拱門，遊艇在河面畫出一道美麗的白色弧線，左邊阿法瑪的山坡上，聖若熱城堡和里斯本大教堂（Sé de Lisboa）自幾百年前就一直杵在那裡。

　　為了省時省錢，記得先買張二十四小時交通卡再來搭乘聖胡斯塔電梯，否則現場買票就得花上近六歐元。若搭電梯只為登高望遠，我想直接從卡爾莫廣場跨越空橋再付錢上觀景台，會是更省事的選擇。

🔖 www.carris.pt/pt/ascensores-e-elevador

Conserveira de Lisboa 魚罐頭專賣店
捆綁住的美味

　　雖然開業不到百年，這裡仍是里斯本最資深的罐頭零售鋪，店名「里斯本罐頭工廠」，清楚直白。1930 年創立以來，內部裝潢擺飾始終如一，地板鋪的是黑白碎石拼貼成的帆船，老店鋪的樸實氣息，讓人一進門就覺得溫暖。木格櫃整齊擺放上千個罐頭，像花磚排滿整座牆面，數大便是美是最好的形容。

　　店內主要銷售三種品牌：女人標誌的「TRICANA」以各種口味的鮪魚和沙丁魚為主力，標榜人工裝罐確保品質；帆船圖案的「PRATA DO MAR」以葵花油浸泡的鮪魚和魚肉慕斯為其特色；貓臉的「MINOR」除專攻沙丁魚、鯖魚和竹筴魚外也有抹醬，適合當前菜或開胃菜食用。

　　當你選好要買的罐頭後，店員會用牛皮紙包覆，再以漂亮的棉線細心捆綁包裝，美味還沒入口，視覺饗宴便先映入眼簾，而且不會多收錢喔。

📍 R. dos Bacalhoeiros 34, Lisboa 　🔖 www.conserveiradelisboa.pt

里斯本，沒落的美感

Liberdade,
Castilho

自由大道、卡斯蒂略

　　每座城市都有條具代表性的康莊大道，在里斯本就屬自由大道。自由大道南起復國者廣場（Praça dos Restauradores），北至龐巴爾侯爵廣場（Praça do Marquês de Pombal），自拜薩區往北延伸到愛德華七世公園（Parque Eduardo VII），提供一整路筆直的暢快綠意。

　　自由大道最初是大地震後由龐巴爾侯爵下令打造，長一・二公里、寬約九十公尺。最初他將此路命名為公共街道（Passeio Público），但諷刺的是，大道實為上層階級私享，兩邊並設有大門阻隔平民任意進入。直到 1821 年，國王若昂六世（João VI）才下令拆除大門，開放街道給大眾使用。

　　現在的自由大道是十九世紀晚期、以巴黎香榭大道為概念修建後的模樣。綠蔭覆蓋了七線大小車道和寬敞黑白碎石的步道，沿途有販售亭和露天座位供路人歇腳，還有幾位偉人雕像和一座紀念碑，向第一次世界大戰中戰亡的五萬名葡萄牙士兵致敬。而貴為里斯本精華地段，大道兩側除仍保留幾座劇院，原本的建築多改建成高檔飯店、國際精品和銀行商辦大樓，然而這個地區最吸引我的，還是大道兩側巷弄內的平凡生活、美味平價餐館、充滿人情味的店鋪，還有藏身各處的街頭塗鴉。

Casa do Alentejo
阿連特茹之家

水泥牆後的祕密

接近中午時分，我和亞伯走在與自由大道平行的街道，睡醒的觀光客紛紛出籠，路上熙熙攘攘。亞伯在一棟不起眼的門前停下，水泥牆上的霓虹燈管繞出「Casa do Alentejo」的字樣，我有點納悶，但心想這案情應該不單純。

入內，穿越略為陰暗的走廊，中庭迎來光明。兩層樓的摩爾式建築，一樓以迴廊和連續的馬蹄形拱門環繞，圓頂鋸齒狀的拱頂砌出繁複雕飾，下層牆面鋪滿釉色鮮豔的瓷磚，數千朵七彩煙花綻放。中庭有座迷你噴泉，兩側幾張檀木長椅，細長的棕櫚帶來綠意，抬頭望，玻璃覆蓋天井宛如溫室，讓陽光恣意高照。

這棟十七世紀後期的建築散發出濃厚的伊斯蘭情調，原是葡萄牙貴族Paes Amaral 的宮殿，直到 1917 年，部分改建為里斯本首座賭場「Magestic」，1932 年又改租給阿連特茹（Alentejo）協會至今。阿連特茹是葡萄牙中、南部大省，許多人離鄉背井北上里斯本追求更好的生活，這裡成為他們閒暇聚集的同鄉會，週末常有傳統舞蹈、合唱團等社交活動。

我們上樓繼續探究竟，樓梯間同樣嵌滿小碎花瓷磚，陽光穿透玫瑰花窗，映出神祕靜謐的美感。二樓主要是餐廳，供應葡萄牙菜和阿連特茹的道地佳餚

和甜點，每走進一個空間，就像穿越一道時光。一間裝飾有浪漫主義藝術家克拉索（Jorge Colaço）二十世紀初的繪畫的藍瓷，另一間則有出自十七世紀宮殿、描繪市井生活的畫作。路易十六風格的宴會廳，天花板與牆面盡是浮華古典的壁畫和雕飾，水晶吊燈高掛，還有兩側飾以羅馬柱的舞台，好像音樂一下，大家就會起身摟腰搭肩跳首華爾滋。而自落地窗向外望，貴族世家與市井生活，僅只一牆之隔。

　　走出阿連特茹之家時，我不禁回頭看了看，老舊的霓虹燈管還沒亮，門口依然不起眼，像是離開了九又四分之三月台，剛才所看見的一切，只是夢一場。

📍 R. Portas de Santo Antão, 58, Lisboa 🐦 www.casadoalentejo.com.pt

Praça dos Restauradores

復國者廣場

六十年的枷鎖

　　被西班牙統治六十年後，葡萄牙於 1640 年由貴族起義恢復獨立，爾後經過二十八年的戰爭，紛亂終結於頒佈承認其主權的「里斯本條約」。為了紀念這段過程，就在羅西歐車站旁設立復國者廣場。廣場的黑白碎石拼貼排列成一面鎖鏈，有如兩國糾葛的枷鎖。中央方尖碑高三十公尺，上方南側的青銅雕像代表自由、北邊則象徵勝利，碑上也記錄著幾場決定性戰役的日期。

　　不同於繁忙的羅西歐廣場，這裡清閒許多，廣場西邊的粉紅色建築是十八世紀的福斯宮（Palácio Foz），除了一樓的遊客服務中心外，平常不開放參觀。隔壁於 1931 年開業的伊甸電影院（Éden），外觀可見當時歐洲流行的裝飾藝術風格（Art Deco）。電影院 1989 年關門大吉，2001 年改建為旅館，鏤空的中庭以高大的棕櫚和樹籬築成一座島，風韻猶存，可惜風光不再。

Belarmino 理髮店

喝著啤酒剪頭髮

　　某天，在免費觀光手冊裡瞥見一張小廣告，我循著手機地圖，穿越山坡小巷來到這裡。對面泛黃的圍牆上披掛大片綠藤蔓和九重葛，門口的長椅上貼著「Belarmino」，就是它的店名。

　　綠色對開的鐵門裡，一位理髮師油頭整齊旁分，另一位是戴著眼鏡的光頭佬。他們喚我先坐下，說得再等半小時。音響播放著輕鬆的嘻哈 R&B，鏡台前理容工具和造型品層層疊疊，鏡框上擺了支口琴、毛刷，還有夏威夷草裙女郎的公仔。牆面掛滿各種油頭大鬍子肖像的黑白復古海報，單車靠在牆角，還有幾片滑板、一雙拳擊手套。

　　我坐在光頭佬後方，淡藍色長袖襯衫和白色圓領 T 恤藏不住他手臂上的刺青，配上滑板褲、半筒白襪和一雙 Vans，感覺他很酷。油頭男也是滿手臂刺青，這彷彿是葡萄牙理髮公會的標準規範。

　　椅子上的客人毛髮濃密、鬍子雜亂，光頭佬將椅子傾斜，先將溫

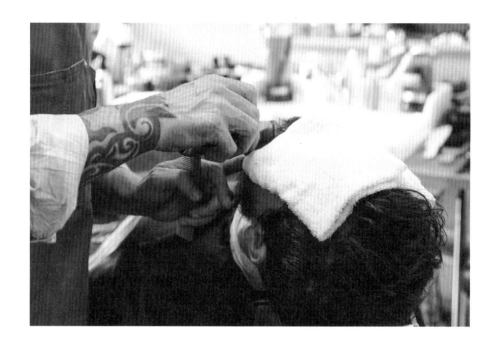

熱毛巾輕敷臉上，接著電動剃刀、剪刀、刮鬍刀和各種扁梳輪番上場。他像是位修繕畫作的工匠，一吋吋細心修剪，再用白色長刷拂去毛屑。欣賞這些細瑣動作，對坐在搖滾區的我來說，有如聆聽一首溫柔舒服的慢歌。有意思的是，每剪到一個段落，光頭佬就會稍作停頓，退後幾步，隨音樂節奏擺動身體放鬆一下，搖完再上。

等啊等，度過說好的半小時，一小時眼看都快過去，但比我早來的客人也無所謂，喝啤酒、滑手機，沒人失去耐性。難道這就是傳說中的里斯本時間？我這樣告訴自己。不久，光頭佬從冰箱裡拿出一瓶啤酒，灌了幾口，轉頭對我說：「要來一瓶嗎？」

「當然好，謝謝。」我說。即便更想喝的是剛剛瞄到的汽泡水，但怎能讓他看亞洲人不起。

又過了一倍里斯本時間，終於換我了。圍上白布，光頭佬略作端詳後說明他的縝密計畫。我點點頭，來吧！一切隨其自然。過程頗為順利放鬆，於是兩人開始閒聊，我說我來自臺灣，很喜歡這裡，所以打算寫本關於里斯本的書。

「麥奎爾（Miguel），他說他要寫書介紹里斯本耶！」光頭佬對油頭男說。

「是嗎？很棒呀。」始終嚴肅的麥奎爾臉上終於露出笑容。

原來，麥奎爾是這裡的老闆，從里斯本的老理髮店「Barbearia Campos」出師後自立門戶。店名 Belarmino 則取自葡萄牙五、六○年代家喻戶曉的拳擊手 Belarmino Fragoso，在世時，他家就在這一帶（牆上的拳擊手套因何而來終於真相大白）。至於光頭佬名叫奇克（Chico），自倫敦搬來，同時也是一名 DJ，難怪剪頭髮那麼搖擺。

相較於麥奎爾的寡言，奇克一副經驗老道的樣子。

「你做這行幾年了？」我好奇問。

「那個……四個月。」他說。

「什麼！還以為你是做了十幾年的老江湖，你這個騙子！」

「是呴，我也這麼覺得。」

然後，我們三個都笑了。

📍 Travessa do fala só N 15-E, Lisboa　🅵 Belarmino

Ascensor da Gloria, Lavra
榮耀纜車、拉夫拉纜車
坡道間的風景

　　里斯本的地勢起伏，以纜索電車輔助城市的公共交通網絡，最早以水動力配重系統運作，後來改為蒸汽動力，直到 1915 年改以電氣化運轉至今，在 2002 年被列為國家文物古蹟。因為特殊的機械設計，即便是陡坡，車身始終能與地面保持水平，事實上，最初的車廂還是雙層的呢！

　　里斯本有三座市區纜索電車，第一條拉夫拉纜車啟用於 1884 年，於復國者廣場東側沿 Largo da Anunciada 上行，到達橫向的 Rua Câmara Pestana。另一條榮耀纜車更為熱門，連接復國者廣場和上城區的聖佩德羅觀景台（São Pedro de Alcântara）。

　　除非是一大早來搭乘，否則難逃排隊的命運，於是小販在這裡賣起了檸檬

汁和啤酒，解大家久候的渴。纜車來回票價約四歐元，貴得令人心悸，有心朝
聖者，務必先買張二十四小時交通卡再來搭乘。車廂外觀同樣是黃白色，只是
多半已被噴漆塗鴉，可謂介於街頭潮味和慘遭毒手之間的藝術品，而究竟偏屬
哪一味，端看個人審美觀和當下心情而定。

　　我搭上纜車，同樣是木造車廂內裝，但長椅分居兩側。塞滿乘客後，纜車
開始緩緩移動，爬升潛入巷內。約二百六十五公尺路程、近二十度斜坡、需時
九十多秒，中間不停站，兩側樓房圍牆高築，中間夾著時窄時寬的人行步道和
空地，沿路散見尚稱賞心悅目的塗鴉，行人不是談笑順坡而下，就是步履蹣跚
力爭上流，還有埋伏途中的狙擊手們，纜車一經過就舉起相機瘋狂掃射。

　　搭纜車是來里斯本有趣的體驗，而我建議可加碼找個時間沿坡道散步，以
不同視角，感受纜車近身而過、欣賞兩車交會又分道揚鑣的畫面，這都是道地
的里斯本生活風情。

🏹 www.carris.pt/en/elevators

龐巴爾侯爵廣場

首相高高在上

　　位在自由大道北端的盡頭，這裡是里斯本最重要的雙環形廣場，四方大道匯集於此，再分流而去。廣場中央三十六公尺高的巨大圓柱伸向天際，上頭站著九公尺高的龐巴侯爵銅像。這位葡萄牙歷史上最受崇敬的首相，旁邊的獅子是他的權力象徵，基底裝飾著 1750 至 1777 年間治國改革的意象，其他粗糙不平的岩石，便代表 1755 年大地震及洪水氾濫後殘破不堪的城市，周圍鋪上里斯本徽章的黑白碎石。龐巴爾侯爵高高在上，面前的自由大道和下城區，在他的視野指揮下重現榮景。

　　身為里斯本最繁忙的交通樞紐，此處無時無刻環繞著川流不息的車潮，十八條公車路線經過，藍、黃兩條地鐵在底下交會，但畢竟這裡是歐洲而不是越南或印度，沒有交通號誌，沒人膽敢跨越車道，人們只能繞著這顆巨星運行，讓廣場成了一座雄偉的孤島。

綠色迷宮彈珠台

龐巴爾侯爵雕像背後，大片綠地沿著山坡綿延，中間是低矮的灌木叢修剪成方塊狀的凹凸線條，乍看像是座巨大的綠色迷宮。這裡原名為自由公園，英國國王愛德華七世於 1903 年來訪，重申英葡兩國間的盟友關係，政府便將此地改名以向他致敬。佔地二十六公頃的公園，北邊有座康乃馨革命的紀念碑，兩旁還有匯集三百種植物的溫室生態博物館「Estufa Fria」，和以葡萄牙首枚奧運金牌得主卡洛斯・洛佩茲（Carlos Lopes）為名的展館。

攻頂之路看似漫長但十分值得一訪，腳下迷宮成了巨型彈珠台，讓我想起小時候百戰百勝裡的關卡，也好想找片紙板一溜而下。居高臨下，龐巴爾侯爵廣場、自由大道、拜薩區、盡頭的特茹河，開闊風光盡收眼底，令人心情大好。而背後，一面巨大的葡萄牙國旗正隨風飄揚，發出轟隆隆的宏亮聲響，暫時隔離了城市的熱鬧喧囂⋯⋯

自由大道、卡斯蒂略

里斯本，沒落的美感

Alfama

阿法瑪

　　說到里斯本，除了花磚、蛋塔和沙丁魚外，舊城區阿法瑪同樣令人津津樂道。當年摩爾人佔領里斯本後，便在此順山勢打造出迷宮般的聚落。遠觀時，櫛比鱗次、高低錯落的紅磚房，就像是場熱鬧的里民大會。置身其間，狹窄街巷和陡峭深邃的階梯，又如小溪支流四處蜿蜒。

　　經典老電影《里斯本故事》可說是阿法瑪的最佳宣傳片，錄音師溫特在此短暫生活，四處收錄城市聲音之際，也讓更多人看見阿法瑪的純樸之美，吸引不少影迷來此追景，像是聖斯德望教堂（Igreja de Santo Estêvão）旁的空地，就是我頗為喜歡的歇腳處。

　　若不趕時間，隨心之所向迷走，會是最佳遊覽方式。光影下，斑駁破落的外牆掛著葡萄牙國旗、聖安東尼節的彩帶和自家衣物，白色床單隨風輕飄，襯著後方特茹河和遊輪的身影。途中你會遇見幾台老太太社區監視器，或是街坊鄰居在門口閒話家常。爬上爬下雖然累人，但也得以用不同視角，欣賞一處又一處好似停滯的時光。

　　累了，就走進昏暗的雜貨店，買瓶飲料，順便坐下來吃顆蛋塔時，會有種登門作客的微妙。法朵是無形的土產，以門口生動的手繪看板攬客。人們在夜晚漆黑的法朵屋裡吃飯聽歌，蒼涼動人的歌聲，總吸引不少路人佇足聆聽。而這些細瑣之事，串接起阿法瑪平淡但耐人尋味的生活感。

Sé de Lisboa
里斯本大教堂
一座大寫的 H

　　這座里斯本最古老的大教堂，無疑是阿法瑪的精神地標。教堂前身其實是座清真寺，西元 1147 年，國王阿方索一世從摩爾人手中收復里斯本後，旋即在此地新建主教座堂，表達對天主的感恩與敬仰。像是大寫的 H，教堂帶有羅馬式城堡的味道，兩側是防禦性塔樓，中間嵌著典型哥德式的玫瑰花窗。

　　如果你是古建築迷，在昏暗的教堂內細索，便能尋到不同時期的藝術風格。教堂自十三世紀末起，在位君主陸續興建哥德式的拱頂迴廊和先賢祠，還有穹頂上斑駁的濕壁畫，爾後因為天災改建和時代更迭，在祭壇、主教堂和聖器室等各處又增添了巴洛克的裝飾細節，還有新古典主義的禮拜堂。

　　藝術巡禮是一回事，拍照打卡也同樣重要。最經典的畫面，就是先聞噹噹噹的銅鈴聲響，接著 28 路電車從教堂左側出場，閃身畫出一道弧線而過，襯著教堂，合體成一張經典的阿法瑪風光。

📍 Largo da Sé, Lisboa　　🔾 www.dgpc.pt

Largo das Portas do Sol, Miradouro de Santa Luzia
太陽門廣場、聖露西亞觀景台
藍天襯著紅瓦房

　　還記得第一次搭 28 路電車時，妄想一路迎著風，探頭美景看到飽。然而才過大教堂沒幾站，就有一堆乘客談笑著下了車。頓時我慌了，馬上起身跟風，深怕自己錯過了什麼。

　　這站是太陽門廣場，中央的白色雕像是被奉為里斯本守護神的聖文生，祂一襲長袍，手捧一艘乘載兩隻烏鴉的小船，是里斯本的象徵。盡頭的觀景台，是眾望所歸、飽覽阿法瑪景致的最佳地點。

　　從這個視角望去，遍佈山坡的紅磚瓦房順勢起伏，左側高人一等的是建於

十七世紀的城下聖文生修道院（Mosteiro de São Vicente de Fora），還有右邊圓頂的國家先賢祠（Panteão Nacional）及聖斯德望教堂。這高度把人潮隱沒於樓房之下，刷上藍天和陽光成為一幅畫作，只有偶爾微風吹過的聲響，舒服極了。另一次來訪，眼見一位頭髮斑白的街頭藝人在此彈吉他，阿法瑪成了最美的舞台背板。

　　好風光一路延展到隔壁的聖露西亞觀景台，迴廊藤蔓綠意成蔭，洋紅色的九重葛豪邁綻放，下方矮牆上砌著藍白瓷磚，還有一池小塘和幾位賣紀念品的攤販……地方不大但洋溢著愉悅情趣，而遊客們最喜歡做的事，就是坐在矮牆上，拍下眺望前方的氣質照。若你一時內急，在兩座觀景台中間的樓梯往下有間廁所，迴廊繪上阿方索一世擊敗摩爾人、征服聖若熱城堡的連環漫畫，即使看不懂葡萄牙文的解說，但也還滿有意思的。

📍 Largo Portas do Sol, Lisboa

Feira da Ladra 女賊市集
里斯本最老的跳蚤市場

　　待在里斯本時，每週二、六如果沒排滿計畫，我就會心癢前往跳蚤市集挖寶，看有沒有新貨到。這裡又被稱為女賊市集，葡萄牙文的「Ladra」就是女小偷的意思，更古早的說法，是源自藏身古董裡的小蟲子「Ladro」。據文獻記載，市集自十三世紀便在里斯本各地遊牧，直到十八世紀才固定居在此擺攤。

　　搭乘 28 路電車到城下聖文生修道院下車，沿著旁邊小巷直行，穿越拱門，熱鬧的畫面立即舒展開來。上百家露天攤位和店鋪，一路滿到百餘公尺遠、國家先賢祠旁的綠草地上。除了二手舊貨，還有職人們的手工藝品，各種葡國公雞圖案和軟木材質的紀念品當然也不會缺席。

　　我先被一整桌舊玩具和餅乾鐵盒吸引，旁邊排滿各家廠牌型號的老相機和即可拍。勉強守住理智線，但沒走幾步，地上是最愛的舊花磚。我一向對紀念品店油亮鮮豔的新花磚沒興趣，這種看來走過歷史的斑駁，在我眼中才堪稱真正的美麗，再重也要扛些回去。

　　附近，賣家悠哉坐在折疊椅上，賣的是古董級的色情錄影帶。昔日令人血脈賁張的封面設計，現今看來俗不可耐，上頭的種馬和豔星們，早已是皺巴巴的爺爺奶奶了吧。隔壁攤舊雜誌的女星美多了，其中《PLATEIA》是五〇年代創刊的女性生活雜誌，封面反應出各年代服裝妝髮的流行最前線。我注意到圓標上有

「continente」和「ultramar」兩種售價，幣別還是早期的 escudos。後來才知道，
continente 指的是葡萄牙境內，ultramar 則是賣到安哥拉、莫三比克這些海外殖
民地的售價，長知識了。

　　走著走著，悠揚的法朵歌聲從前方唱片攤傳來。後半段的市集換了些模樣，
賣的東西愈來愈雜，卻也更有生活的味道：七〇年代整組居家必備的調味料錫罐，
一堆氧化但線條優美的刀叉、湯匙、燭台和門把，還有成堆家具家飾和鍋碗瓢盆。
買不買是一回事，喜歡舊貨的人，恐怕會不自覺想像起幾十年前葡萄牙的家居擺
設和生活樣貌，這也是逛市集的一大樂趣。當然，這裡也不乏粗糙廉價的成衣配
件，以及介於垃圾和資源回收物之間的日用品（想必有不少贓物在此流通）。看
來，只要你好意思鋪條布在地上，不管放什麼，就能擺攤開賣。

📍 Campo de Santa Clara, Lisboa

Panteão Nacional
國家先賢祠

在白色圓頂下長眠

　　女賊市集的盡頭倚著這座巨大的巴洛克式建築，皎潔莊嚴的白色外觀，周圍以綠地環繞。國家先賢祠花了三世紀（1682 至 1966 年）才建造完成，以希臘十字架為架構，內部用彩色大理石砌築，每個角各是一座方塔。這裡最初名為聖恩格利亞教堂（Igreja de Santa Engrácia），直到 1966 年才改為安葬葡萄牙多位重要元首、將領、文人和藝術家之處，包括法朵天后艾瑪麗亞，並立起達伽馬的紀念碑，因此這裡也稱為全國萬神殿。

　　「在里斯本住了這麼久，我真沒進去過。」跟喬安娜逛市集時，她笑說。這個像是外星太空船降臨的大圓頂，遠觀醒目，近看宏偉浩大，能登上露台欣賞舊城景色，也能從窄巷階梯的細隙盡頭窺見，難以被忽略卻又帶著點距離感，始終沒能躋身必訪的觀光景點，即便在地人都覺得陌生，是有那麼點可惜。

📍 Campo de Santa Clara, Lisboa

POIS 咖啡館
舊城裡的里斯本時光

　　POIS 是我之前走過路過但一直沒進去過的咖啡館，這天趁著臺灣好友 W 來訪，決定入內吃頓午餐，順便逃避六月豔陽的熱情款待。相較於多數阿法瑪狹窄的餐廳和小酒館，這裡空間開闊，以不同風格、顏色的桌椅沙發，拼貼出隨性自在的討喜性格。

　　跟店員打聲招呼後，我們選了天鵝絨的舊沙發坐下，一旁裸露的石牆上有小型手繪展覽，旋轉鐵架和木桌上堆疊了各種雜誌、小說和旅遊指南，後來才知道這些大都是客人來訪時留下交換的二手書。環顧四周，坐在戶外高腳桌書

寫的男人、放空玩手機的年輕女孩們、指著旅遊書研究行程的年長夫婦，還有一陷進沙發就不想動的我們……大家來自世界各地，正用自己的方式，過著悠哉的里斯本時光。

　　不久店員端來一只大銅盤，救贖了我們的胃。POIS 的餐食屬健康取向，開放式廚房供應各類早午餐和甜點，像是火腿起司拼盤、果醬和奶油配手工麵包，還有燻鮭魚、肉丸和炒歐姆蛋等等，搭配清爽的蔬菜水果，套餐價格約七至十歐元左右，風味十足又能吃飽飽。我們點了鹹派、鷹嘴豆泥、南瓜濃湯和生菜沙拉，配上新鮮柳橙汁和黑咖啡，佐以好朋友隨意的開心閒聊。

　　沒多久，一位高壯的廚師走出廚房，蹬上一旁擺放雜物的平台，就這麼大剌剌地睡起午覺。顯然，他也正過著屬於自己的里斯本時光呢！

📍 R. São João da Praça, 93-95, Lisboa　🏃 www.poiscafe.com

Barbearia Oliveira 理髮店
遇見油頭小紳士

　　順著巷弄支流走出阿法瑪迷宮，路口的白色看板吸引了我的目光，上頭有一位頭戴禮帽、留落腮鬍加八字翹鬍的男仕，兩把剃刀交叉胸前，門口木板招牌上寫著「Barbearia Oliveira」，顯然這是間帶有復古風格的理髮店。

　　好奇踏入屋裡，不到五坪的空間，白色天花板連接華麗的黑色花紋壁紙，地面仍保留黑白碎石拼貼，牆上掛了些舊照片和剪報，木架上有台需要扭轉開關的老電視。哥德風格的黑框鏡面，搭配雕飾繁複的褐色木櫃，檯面滑石粉、刮刀、木柄鬍刷和古龍水等物品隨意散落。眼前時髦的年輕理髮師手臂滿是刺青（一點也不意外），陳舊與摩登並存於此，散發出帶性格的男人味。

　　這裡號稱是葡萄牙最古老的理髮店，歷史可追溯至 1879 年，雖然一度面臨歇業命運，但幾年前由 Bruno 和 Angelo Oliveira 這對雙胞胎兄弟接手後便重拾風光。

　　屋子裡，帥哥理髮師卡洛斯（Carlos）微笑示意後，便任我四處

拍照。過沒多久，一位摻雜大半灰髮的中年老爹抱著小男孩來訪，看來是常客。小男孩坐在老爹腿上，各自圍好圍巾，原來今天是他要剪髮。我猶豫許久後決定開口詢問，希望能為他們拍照。

「好呀，我想我兒子也不會介意。」老爹說。

從事室內設計的老爹弗伊（Rui）和他的三歲兒子愛德華多（Eduardo）就住在附近，弗伊一邊跟我聊天，一邊也跟卡洛斯用葡萄牙文討論還有哪裡好吃好玩可以介紹，看著沒有字幕的對手戲，讓人更深刻感受到他們的好客。倒是有剪刀在頭上游移的愛德華多表情始終嚴肅緊張，超可愛的。

Barbearia Oliveira 的存在是一種葡式文藝復興，延續著平淡的生活習慣，

老派剪法成了價格親民的復古流行。現在除了阿法瑪外，也在羅西歐廣場附近和馬維拉區開了分店，還會不定期免費為流浪漢修鬍剪髮。

　　最後，弗伊給我他的 email，希望能看看照片，也好再推薦我幾個地方。我們握手道別，相機裡除了幾張滿意的照片，心裡更注滿在地人的友善和溫暖。

　　「愛德華多再見，要乖哦。」離開時，我跟小油頭如紳士般握手道別。

　　後來連續兩年來到里斯本，都會跟弗伊相約吃飯更新近況，愛德華多也從油頭小男孩變成齊劉海的小帥哥囉。

📍 R. dos Remédios 27, Lisboa　　🇫 Barbearia Oliveira

Mesa de Frades 法朵餐廳
傾聽女伶暗夜詠嘆

循著弗伊的推薦，在一個月黑風高的夜晚，我來到這間阿法瑪的人氣餐廳。是的，法朵通常晚上十點後才開始表演，鮮少有一邊享受早午餐一邊聽法朵這種事。這裡一份套餐要價近五十歐元，讓我在訂位時掙扎許久，直到推開老舊的大門，幽暗空間裡飄散著輕鬆歡愉的氣息，龜毛之心馬上得以釋懷。

餐廳所在地曾是十九世紀一座禮拜堂，即便看來飽受風霜，牆面圍繞的藍白瓷磚壁畫仍難掩昔日風采。晚餐約九點開吃，客人們在昏黃燈光下享受鱈魚料理、暢飲 sangria。直到微醺的十一點，全場忽暗，僅剩點點浪漫燭火，大夥開始輕聲碎語，興奮引頸企盼。

三名黑衣男子分別抱著葡萄牙吉他和低音吉他，在緊閉的門前坐下，一開始先以輕快流暢的節奏炫技一番，加速觸發觀眾的感官，再轉為飽滿有力的弦音，緩緩為怨曲揭開簾幕。接著，一頭蓬鬆捲髮的黑衣女伶從吧台後方走來，嗓音哀憐但堅毅，像是喉頭長了一層歷經滄桑的繭。才唱一小段，便讓人心都揪了起來。我坐在離吉他手不到半米的距離，算搖滾區的第一排，只是偶像不是人，而是撥弄琴弦的指尖、清脆音色和與渾厚人聲的合鳴。我小心翼翼地拍下幾張照片，深怕快門聲會破壞這迷人的一切而遭眾人白眼。暗夜裡，聆聽法朵就像啜飲一杯黑咖啡，初嚐苦澀，卻愈覺香醇。雖然聽不懂歌詞，但所有人就這麼伴著餐桌上微弱的燭光，靜靜聆聽著她一首又一首，娓娓訴說最深沉的怨懟與悲傷。

後來，為了拍出畫質更好的照片，我到一家天未黑就表演、大門敞開的法朵餐館。而當女伶開口唱故事時，內心一股思緒旋即湧上：

「怎麼差這麼多！」我心碎了一地。原來少了黑夜作為介質傳遞，聲線竟變得如此乾癟，像是沒了靈魂，法朵都不法朵了。

📍 R. dos Remédios 139A, Lisboa　　🅕 Mesa de Frades

阿法瑪

135

Museu do Fado
法朵博物館

葡萄牙群星會

　　都花錢聽了法朵，當然也不免俗地到博物館朝聖一下。褪色的粉紅外牆勾勒著白色柱面和框線，推開深綠色大門進入館內，空蕩蕩的大廳顯得寂寥，售票員看來已枯坐許久。說是意外但也能理解，畢竟像我這樣一待就是好幾週的遊客並不多，在有限的時間裡，除非是樂迷，否則這裡的確難以躋身必訪之列。

　　各樓層牆面貼著上百位男、女法朵聲優和演奏者的黑白肖像，交疊出一場盛大的群星會，臉上笑容記錄了往日風采。各個展示間以不同形式，介紹法朵自二十世紀初誕生的過往今來。電子螢幕播送老舊的資料畫面，一排排黑膠唱片、版畫風格的海報，還有幾把梨形的葡萄牙吉他。如同臺語歌，法朵不只是音樂類型，更是庶民文化的形式表現，即便只是走馬看花，也能感受這充滿個性的動人歌謠，在腦中吟哦異國情調的濃濃想像。

📍 Largo Chafariz de Dentro 1, Lisboa　🔧 www.museudofado.pt

Caixa Alfama 法朵音樂節
夜半的老派歡愉

　　九月底的里斯本白天暖烘烘的，但若沒了陽光，連當地人都得穿上薄外套。週六晚上，我捨棄青春荷爾蒙炸裂的電音趴，與老人為伍，另就法朵音樂節。

　　音樂節的表演舞台散置在法朵博物館鄰近的廣場和空地。窩在法朵餐廳裡彈奏葡萄牙吉他時，其弦音悲愴而堅毅，在戶外透過擴音器傳送卻變得鏗鏘有力，在黑夜冷風中流動，給予人截然不同的聽覺享受。臨時搭建的大舞台上，樂團陣容整齊，老歌手們輪番上場，歌曲時而聽來楚楚可憐，時而節奏輕快緊湊。雖然完全聽不懂歌詞，但仍被現場的愉悅氣氛所感染，接近午夜時分，我跟著一大堆年過半百的葡萄牙人，一起打拍子、一起左搖又擺、一起如癡如醉。

　　「他們能這樣享受當下生活真好！」雖然民族性格和國情不同，但想想，在臺灣有多少人會想半夜在戶外搧著冷風，一起開心唱著望春風呢？

🏹 www.caixaalfama.pt/o-festival

阿法瑪

君臨天下高崗上

即便不再具備戰略地位，城堡仍是每座城市的精神象徵，在阿法瑪隔壁自成一區的聖若熱城堡亦然，像是一頂皇冠，霸氣盤踞山頭。

城堡於十一世紀中期由摩爾人建造，1147 年被阿方索一世所攻陷。根據記載，騎士馬汀莫尼茲（Martim Moniz）捨身卡住即將關閉的城門，使軍隊得以突破進攻，也開啟了葡萄牙的黃金歲月。身為葡萄牙第一任國王，城堡自然成為皇室所在地。城堡取名自英格蘭的聖者聖喬治（Saint George），他被視為是騎士和十字軍的守護神，當時的國王若昂一世（D. João I）以此為名向英格蘭致敬。直到十六世紀，城堡不斷地修繕擴建，並作為接待貴族、外賓，以及舉辦加冕儀式和慶祝活動的場所。

　　爾後，隨著葡萄牙在 1580 年淪為西班牙屬地，城堡也被賦予軍事防衛的功能，直到二十世紀初期，而目前遺跡主要是 1938 至 1940 年間重建修整城堡和皇宮殘骸後的模樣。

　　買票進門後，綠樹高大直挺，廣場四周是斷垣殘壁，碩大石塊錯落，阿方索一世的雕像靜靜佇立中央，遊客在樹蔭下休憩拍照，小屁孩四處奔跑。沿著城堡邊緣散步，里斯本風光自山腳四處氾濫，幾座炮台仍保留至今，我忍住沒騎上去拍幼稚照，只是幻想敵軍自山下大舉入侵、整城烽火連天的畫面。

　　再往前走，是一座座低矮的拱門，樹木傾斜作揖成一座隧道。此處是皇家宮殿的遺跡，現在主要作為里斯本歷史變遷的展覽館，還有咖啡館和餐廳，露天雅座就緊鄰陡峭的城牆，一對老夫妻正在那裡悠哉享受午茶時光。

　　城堡是城市存亡的最後防線，所以歷代葡萄牙國王皆加強其防禦和監控能

力，以提高正面攻擊或受困時的生存機會。堡壘區現存十一座數十公尺高的塔樓，周邊有城牆圍繞，內有抵抗侵略的軍事瞭望塔、藏有皇家寶藏的財富塔，還有連通至山腰的聖勞倫斯塔等，內、外庭沿牆有兩條通向塔頂的陡峭階梯，走來還真讓人有點心驚膽跳。

　　好在，塔樓上的風景暫時治癒一切。我們像是闖關遊戲的參賽者，沿著連通步道插旗，一塔再一塔。透過凹凹凸凸的垛口，也發現不少熟悉的角落，即便國家先賢祠低調隱身在樹叢中，但露出的半顆圓頂，化成灰我也認得。

　　那是一個熱到穿背心攻頂的六月天，高處不覺寒，我身在里斯本，但眼前的里斯本又是如此微渺，一切都臣服在腳下。

🔖 castelodesaojorge.pt

里斯本，沒落的美感

Intendente,
Martim Moniz,
Mouraria, Graça

因騰登特、馬汀莫尼茲、莫拉里亞、恩典

　　會將這四個地區放在一起介紹，除了位置相鄰外，這四區有一個共通特質——混雜多元種族和社會階層的生活氛圍——最是吸引我。

　　Intendente 是葡文的「市長」，用以紀念十八世紀重要的大臣皮納・馬尼克（Pina Manique）。這裡曾是里斯本最不堪的地方，娼妓、毒品泛濫。政府約十年前著手整頓後，雖然依舊能感受它破敗粗鄙的一面，但有質感的設計商店與餐廳已接續進駐，年輕活力開始迸發。

　　南邊的馬汀莫尼茲，就是以那位捨身取義的騎士為名，地鐵月台的牆上還有他被夾在門縫的幽默創作。這一帶沒啥知名景點，看的多是海外移居至此的小日子。除了不少孟加拉人和巴基斯坦人外，也被稱作小中國城，在華人超市意外發現維力炸醬麵，我整個欣喜若狂。

　　就觀光角度來說，莫拉里亞算是吃了不少阿法瑪的悶虧。因為兩區相連，所以常被誤會是阿法瑪的一部分，其實這裡才是法朵真正的發源地。當年葡萄牙國王擊退摩爾人，將他們的後裔驅趕至此聚居，該區至今仍殘存阿拉伯人的生活痕跡，也因歲月蓄積出豐富的面貌和精彩的街頭塗鴉，跟純樸含蓄的阿法瑪相比，對我來說更顯真情流露。

　　同樣歷史悠久，城堡區旁邊居高臨下的恩典區也有相同的風情，除了去知名的觀景平台眺望美景外，新舊交融的街坊即景和尚未觀光化的生活感，是我喜歡的地方。

A Vida Portuguesa 生活選物店
葡國製造新生活

　　要說到葡萄牙伴手禮，隨處可見販售各種公雞、花磚和電車圖案周邊商品、波多酒的紀念品店，鮮豔張揚著這城市的熱情。但若要入手真正在地、實用又不落俗套的東西，不妨把錢花在 A Vida Portuguesa 吧！

　　位在因騰登特的總店，前身為一座青花瓷工坊，門前庭院仍保留一些帶著舊時代韻味的彩繪瓷磚。室內販售超過三千種商品，舉凡文具、食物、家飾、杯盤、玩具、手工藝、衣服配件、衛浴用品應有盡有，而且全都是「Made in Portugal」。創辦人卡塔琳娜・波爾塔斯（Catarina Portas）當記者時曾針對

本土品牌做專題研究，發現許多老字號正面臨經營危機。她無法想像沒有這些必需品的日子，因此從個人收集發展到成立選物品牌，延續美好的日常生活。

A Vida Portuguesa 意即「葡式生活」，藉由與本土優良品牌合作，網羅所有居家生活用品，吃的、穿的、用的，都變身為兼具實用性和設計感的商品，甚至是鹽、鞋油、刮鬍膏、地板清潔劑之類的東西，也都在此披上懷舊復古的包裝，營造出質感溫潤的品牌形象。若想進一步了解這些商品和品牌背後的故事，店員們也會親切介紹。

關於紀念品，原以為里斯本會是個倚老賣老、了無新意的地方，但我終究在此淪陷，買了一堆肥皂、牙膏和調味料，還塞了塊沙丁魚造型的木砧板進行李箱，假深入體驗在地生活之名，行失心瘋採購之實。

◉ Largo do Intendente Pina Manique 23, Lisboa　🐦 www.avidaportuguesa.com

Casa Independente 咖啡館
破舊豪宅裡的午後

　　某天晚上，魯諾和喬安娜載我到人煙罕至之處，在昏黃街燈映照下，潛入一棟看似閒置的破爛住宅。才穿越黑漆漆的大廳，樓梯間惡搞古神話人物的塗鴉讓我頓時亢奮。推開房門，他們引我在迷宮裡亂竄，牆上畫作和復古家具若隱若現，裡頭聚集打扮入時的年輕男女手拿酒瓶，藍調音樂混著窸窸窣窣的交談聲，瀰漫在晦暗不明的空間，我瞪大了雙眼。

Casa Independente 就位在 Intendente 地鐵站附近，這一帶原本盡是廢棄建築，也衍生出不少社會問題，直到幾年前政府著手更新，並改造這棟誕生於 1863 年的舊豪宅，賦予新的城市意義。這裡除了是文青咖啡館，也是酒館，還能作為音樂表演、展覽和工作坊，並提供藝術家駐村計畫，成為里斯本年輕人聚會的首選之一。

那晚與此地僅短暫邂逅，著實令人意猶未盡，於是我隔週獨自再訪。不過在里斯本是這樣的，這類場所下午三點前就跟廢墟一樣，即便我五點才到，場內還是只有稀疏幾人。然而，白天店內看來清新許多，每個空間都有自己的個性，靠街道那頭名為「老虎沙龍」的大房間，天花板上的迪斯可球銀得發亮，舞台後方就掛著一幅威猛的老虎肖像，混合拉丁與非洲風格的樂團「Fogo Fogo」長期在此駐唱，有表演時想必擠滿了人。但空蕩蕩的午後，只有陽光舒服映入，一位留著油頭大鬍、穿著花襯衫的男子靠在窗台，若有心事。

對我來說，最迷人的是戶外區，桌椅沒擺幾張，倒是四周放了許多盆栽和梳妝台等舊家具，頭上一片藤蔓和樹葉隨性鋪蓋的綠意，像來到鄉下某戶人家的大院子。我挑了庭院中央的位子坐下，嚐著店員推薦的巧克力香蕉蛋糕，慢慢啜飲漂亮瓷杯裡的黑咖啡，仔細想想，相較於歡愉熱鬧的夜晚，我更偏愛這寧靜清閒的午間時光。

📍 Largo do Intendente Pina Manique 45, Lisboa 🏹 casaindependente.com

另一種里斯本生活

　　與其說是觀光景點，這裡更像是非洲、巴西、中國、巴基斯坦等移民們的聚所。同名的地鐵和電車站就在旁邊，廣場白天空曠，傍晚時附近居民會來這裡散步納涼，偶爾有小型表演活動和市集，在這裡體驗到的，是里斯本另一面真實的生活。

　　這天我跟布魯諾和他的 DJ 朋友相約來這裡聽巴西樂團的表演。現場沒有舞台，只有臨時酒吧，板子上寫著：啤酒一歐元、紅酒二歐元、新鮮柳橙汁四歐元，這就是葡萄牙，酒精比維他命 C 便宜太多。

　　樂園唱著我聽不懂的葡萄牙文，但輕快奔放的曲調，讓現場所有人沉醉其中。我們聽歌喝啤酒，一邊聊著我的里斯本印象，還有他跟女友米雪到臺灣旅行時吃到的傳統美食，愈聊愈覺得，愛吃、重人情味，臺灣人和葡萄牙人真的有很多相似之處。

TOPO 頂樓酒吧

到商辦大樓上喝一杯

里斯本又名「七丘之城」，聞名便不難想見，來到這裡，置身高處便能欣賞城市的各種面貌，因此，除了公園的觀景平台，隱身各處大樓的頂樓酒吧（rooftop bar）也依勢而生。

這間酒吧就在馬汀莫尼茲廣場旁的舊商辦大樓，隨著狹小的電梯向上，總覺得自己是要到頂樓抄水錶。好在出電梯後變了風景，一邊是大面玻璃帷幕的時髦餐廳，另一頭是裝潢簡單的露天酒吧。這裡氣氛輕鬆，顯然不少人是剛下班來這裡喝一杯，女 DJ 自在打碟，輕柔的電子樂聲中，摻雜著吱吱喳喳的談笑，這時餐廳的玻璃窗外成了一片風景拼圖，日暮前的橙黃色調映照其上。

我點了杯啤酒先喝上幾口，倚著矮牆，好讓自己看來跟大家一樣 chill。矮牆之下，黃色電車和人流一樣，從某個角落出現，又鑽入巷弄消失。放眼望向對面山丘，除了聖若熱城堡外，遍地樓房以紅磚瓦屋頂、白色牆身和細煙囱為底，錯落幾面粉紅、淡藍和明黃色調，說不上特別，但舒服實在。如校對文字般掃描眼前細節，突然注意到左上角的亮點，山頂一叢像是花椰菜的大樹，樹下有座觀景平台，旁邊還有一面鮮豔塗鴉。

遙不可攀的觀景平台讓我心生猶豫，但也不禁猜想：站在那兒，會看到什麼樣的風景呢？好啦，衝一下，畢竟當下不做，熱情稍縱即逝。我留下半杯啤酒，開啟手機導航，要來爬山探險去。

📍 Centro Comercial Martim Moniz Piso 6, Lisboa　🏹 www.topo-lisboa.pt

Cooking Lisbon 廚藝教室
自己動手料理葡萄牙

　　若想了解葡國飲食文化，除了吃，動手做是新鮮又記憶深刻的方式。Cooking Lisbon 在馬汀莫尼茲下一站 Anjos，是里斯本最受歡迎的廚藝教室之一，提供各種飲食相關課程，能學做道地料理和甜點，品嚐本土起司和葡萄酒，還會帶你走訪傳統市場，認識各種在地食材和辛香料。

　　匆忙走進教室，經理菲利浦遞上一杯白酒，還有剛烤好的葡萄牙 Chouriço 香腸，表皮微焦、味道鹹香，兩者搭配恰到好處。這天由年輕女主廚莎拉執教，學員來自世界各地，以中島廚房教學，一起分工合作，白酒一杯接一杯沒停過，氣氛輕鬆愜意。這裡教的當然都是葡萄牙菜，想做家喻戶曉的薯絲炒鹽鱈魚乾（Bacalhau à Brás）也不難，先切碎大蒜、洋蔥以中火炒香，再將泡水軟化的鹽漬鱈魚切絲放入，之後加入炸到金黃的馬鈴薯絲和蛋，並以少許鹽巴和胡椒調味，盛盤時綴上橄欖和香菜，一道色、香、味俱全的葡式料理便可上桌，就這麼簡單。甜點則是加了點波特酒的杏仁蛋糕，它有個有趣的名字「Toucinho do Céu」，意思是：從天堂來的培根。

　　這裡沒有制式課綱流程，葡萄酒任你喝到暢快，記不記得料理步驟不重要，重點是要和各國旅人們品嚐合作無間的料理，暢談自家飲食文化，享受里斯本又一個愉快夜晚。

📍 R. Cidade de Liverpool, 16D, Lisboa　🦷 www.cookinglisbon.com

一隻烏鴉喝紅酒

這間外觀不甚起眼的咖啡館，店裡有種陳舊暗黑的氣息，店名「Corvo」意指「烏鴉」，也是里斯本的象徵。狹長空間的盡頭點了幾盞暈黃的燈，年輕師傅拿出剛烤好的麵包，我這才注意到半開放式的廚房連通另一側平行空間。轉角牆上有幅巨大創作，細節栩栩如生，畫面是一隅民宅狹巷，幾個小朋友在玩耍嬉鬧。

「這是五年前樓上藝術家的作品，畫的就是外頭巷口，小男孩也還住在附近，只是又更胖了些。」老闆漢斯（Hans）走到我身旁，指著打赤膊的胖男孩笑說。他是德國人，幾年前來這裡度假後便決定在此定居展開新生活。這並非我聽到的首例，想了想，里斯本我也很可以。他指向另一幅畫作，一隻烏鴉喝著高腳杯裡的紅酒。「這是一位荷蘭年輕人畫的，那時他來到這裡，盤纏用盡，所以用這幅畫跟我換取一餐飽足。」漢斯說。

店裡有不少上個世紀的古董家具，還有木製電影椅、老櫥櫃及中國的彩色瓷瓶，並在洗手台前拼貼一面附近居民的舊照片，這才感受到，在這灰黑的空間裡，冷和酷同時存在，就像隻烏鴉。我挑了門口光線充足的位置坐下，嫩雞佛卡夏隨後就放在鑲滿了花磚的矮桌上。門外幾位老人坐在長椅閒閒沒事，旁邊大樹被圍上彩色的毛線，不時傳來附近鄰居的談話聲，還有背包客從陡坡走上來，一臉喘吁吁的可憐模樣。

漢斯說，四十年前，這裡很熱鬧，許多年輕人會擠在這裡鬼混、讀詩吟唱。後來毒品、娼妓問題深入社區，治安很差，但隨著時代改變，現在總算恢復以往的平和，而且還變得更有意思了。

📍 Largo dos Trigueiros 15A-15B , Lisboa　🅵 Café O Corvo

二百五十度的風景線

記得我在 TOPO 頂樓酒吧看到對面山頭疑似有好風景，決定一股作氣攻頂嗎？故事從這裡繼續。離開 TOPO，我帶著微醺緩慢前進，窄巷、坡道、階梯，沿途不外乎是斑駁的樓房配上花磚牆面，但當你著了里斯本的魔，再怎麼平淡無奇，眼裡看來就是美麗，愈是深入尋常人家，愈覺得自己身處祕境。

也不知道在祕境裡繞了多久，終於盼到一片開闊視野。我總算找到了從 TOPO 遠望發現的塗鴉，一面超現實風格的創作。戴著粉紅帽的藍臉男子，在我眼前格放了上百倍，讓我興奮不已。

走幾個彎，踏階來到山上聖母觀景台。窩坐矮牆的男子凝望遠方，我順著他的視線遠眺，瞳孔瞬間放大。陽光下，整座城市像張柔軟的毯子在眼前展開，彷彿還嗅得到暖烘烘的氣味。這裡是里斯本最高的觀景平台，二百五十度的風景線，地勢層疊起伏，由近而遠，隱藏在角落的細節都能一覽無遺。

觀景台種植許多高大的松柏和橄欖樹，鬱鬱蔥蔥，有人在樹下乘涼，情侶摟著拍照，年輕人乾脆跨過圍欄，坐在山坡邊緣和朋友們閒聊。配角是後方樹蔭下、十八世紀重建的聖母禮拜堂（Nossa Senhora do Monte Chapel），據傳懷孕婦女坐在禮拜堂內的石椅上，就能掛保證順產。

我在平台來回走了好幾遍，享受片刻清幽，也確保沒遺漏哪片風景。後來，天際終於甘願渲染上暗橙色，原本粗獷的里斯本，也漸漸溫柔浪漫了起來……

📍 Largo Monte, Lisboa

DAMAS 酒吧
寂寞、迷人、粉紅色

除了 Casa Independente，這裡是另一個讓我醉心的地方。位在恩典廣場旁，前身是麵包店，沒有太多複雜裝潢，倒是主要用餐區上頭兩排藍色的長頸鹿們有點幽默，不知是在引頸企盼些什麼。

同樣地，DAMAS 大概也是五點後才剛睡醒，餐桌上的年輕人們顯得懶洋洋，或只點杯咖啡，伸腿坐在靠街邊的大窗台。這氛圍很舒服，但看來我還是來早了。

某天晚上跟朋友相約，我乘黃色電車穿越阿法瑪來到這裡。果然，門口的霓虹燈管招牌散發出慵懶撩人的粉紅光芒，一群人在門外抽菸閒聊，站在對街都能聽見店裡熱鬧的人聲。

我穿越貼滿活動海報的廳堂，坐在開放式廚房旁的銀色不鏽鋼長桌邊。服務生在泛黃的白色瓷磚牆上，用黑筆寫滿密密麻麻的菜單，看不懂的葡萄牙文儼然成了有設計感的塗鴉藝術。此時，朋友稍來放鳥訊息，鬱卒之餘，只好點份義大利麵和白酒解悶，試圖讓自己融入這氣氛中。

用完餐後，我拎著酒杯繼續探索，另一處空間有酒吧、有舞台。DAMAS 也因經常舉辦各類型的音樂表演和派對，深受當地年輕人和背包客喜愛。屋內打上迷幻的紫色光，但在午夜降臨前，舞池仍是空蕩蕩。不過，DJ 仍顯得悠哉，戴著耳機，雙手在混音器上靈活游移，此時才喝了半杯就已微醺的我，管不住身體隨著電音輕擺，覺得這個夜晚有點寂寞，但又有那麼點迷人。

📍 R. da Voz do Operário, 60, Lisboa　📘 DAMAS - Bar • Sala de Concertos

Cortiço & Netos 花磚專賣店
四兄弟文化保衛隊

因為深深迷戀花磚，著實不想錯過關於它的一切，探訪 Cortiço & Netos 便成了必要之舉。走進店裡，空間以淺灰色牆面和松木架的中性色調，讓數百種圖案的瓷磚成為主角。花紋繁複的、極簡線條的、單一色調的、復古的、摩登的瓷磚，放置在店內各處排列組合。

櫃台內捲髮的年輕男子叫里卡多（Ricardo），他向幾位客人娓娓訴說這裡的故事：隨著時代改變，房屋建材因需求不同而導致瓷磚過剩，以極低廉的價格出售，多家工廠也隨之倒閉。原本是雜貨批發商的已故創始人喬昆迪（Joaquim José Cortiço）便自 1979 年起開始購買、銷售、收藏停產的工業瓷磚。而里卡多正是喬昆迪的孫子，他和其他三兄弟繼承祖父事業，除了販售，也希望藉由這家店的經營，保護並傳遞葡萄牙瓷磚的歷史和文化價值。

話說，我在女賊市集買到舊花磚而洋洋得意，卻耳聞那些花磚可能都是被盜賣的贓物，這讓我頗為尷尬。雖然還是偏愛舊花磚，但還是決定要當個堂堂正正的人，以後都改來這裡貢獻銀兩，而且這裡價格約在二至五歐元不等，完全是送禮自用兩相宜。我花了半小時四處翻找、多次內心交戰，才決選出幾個圖案花色，里卡多先拿到工作檯上清潔刷拭，再以氣泡墊妥善包覆，裝進牛皮紙袋。櫃台還有個大磅秤，讓遊客心裡有個底。

「這樣大概是三公斤。」里卡多說。

「啥，才三公斤？那等一下，我再多挑幾片！」我開心地說。

📍 Calçada de Santo André 66, Lisboa　📧 www.corticoenetos.com

Ó! Galeria 藝廊
哦！插畫異想世界

　　離開 Cortiço & Netos 時，背包裡多了八片瓷磚，另外還有六盒魚罐頭，都是甜蜜的負荷。本打算先直奔回家卸貨再戰，但才走沒多久，就被這間門口畫著小鹿的屋子吸引進去。原以為這裡是設計商品紀念品店，但牆上大大小小的創作像獎狀一樣掛滿了整個屋子，看來是家藝廊。

　　我向顧店的年輕女孩請求拍照同意，她說只要不拍作品特寫就隨便我。這裡展示的全都是插畫，繽紛甜美系、嘲諷隱喻系、悶悶不樂系、醜得可愛系……風格變化多端。我馬上注意到兩年前去波多時，在藝廊看過同樣畫風的作品，一位只穿著大號白色三角褲的鬍碴男。

　　一問之下真相大白，原來是同一家藝廊「Ó! Galeria」在里斯本的分所。創辦人艾瑪（Ema Ribeiro）2009 年在波多成立第一家店，並專注在插畫藝術的領域，包括繪畫、書籍、獨立雜誌，以及明信片、筆記本、帆布包等衍生性商品。展覽一開始以葡萄牙在地畫家的作品為主，後來逐漸擴展規模，與巴西、日本等世界各地的年輕插畫家合作，並於 2015 年在舊城區聖安德烈大道上的這棟老房子裡，創造出一個洋溢青春藝術氣息的異想世界。

📍 Calçada de Santo André 86, Lisboa　　🏹 www.ogaleria.com

里斯本，沒落的美感

Chiado

希亞多

　　夾在拜薩和下城區之間，希亞多的界線總顯得曖昧不明。然而，位於藍、綠兩條地鐵的交會處，這裡無疑是市區最繁忙的轉運站，每天都有數十萬通勤和觀光人流進出，白天的加勒特大街（R. Garrett）和周邊街道總是熙熙攘攘，夜晚更是年輕人跑趴的起點。魯諾跟我說，Chiado 這名字的由來，就是紀念早年在這區的一家同名酒館。

　　地鐵站 Baixa-Chiado 彷彿在地心深處，行人乘著陡長的扶手梯，緩緩浮出地面。希亞多廣場（Largo do Chiado）上有座十六世紀詩人安東尼奧·里貝羅（António Ribeiro）的雕像，以它為中心，地面擴散出如漩渦般美麗的同心圓。若你自周圍大樓上俯瞰，加上黃色電車慢格駛過，畫面更是美妙。廣場上常有不同風格的街頭藝人表演，如果不想久站，在巴西人咖啡館的露天座位點杯咖啡，就能愜意欣賞。

　　希亞多的建築是在十八世紀所打造，1988 年的一場大火摧毀了本區的部分地段，經過十多年的修建後重生。從前文人政客聚集之處，現在成了里斯本最熱鬧的購物商圈，各類型的國際連鎖品牌爭相進駐，即便是在斜坡上，為了追求大眾潮流時尚，大家依舊爬得樂此不疲。而一些舊店鋪仍屹立不搖，像是 1732 年開業、號稱世界上最古老的書店「Livraria Bertrand」、近百年歷史的傳統手工手套店「Livraria Ulisses」，還有老咖啡館、新藝術風格的珠寶店、宮殿變身的美食天堂……我喜歡這裡混雜新舊潮流的繁華都會氣息，即便人多嘈雜，還是不減逛街時的好心情。

Café A Brasileira
巴西人咖啡館
昔日知識份子的巢穴

　　雖非我的最愛，但 1905 年開店至今的巴西人，無疑是里斯本名聲最響亮的咖啡館。回溯到二十世紀初，無論貴族或中產階級，自由主義或是保守派系，還有作家、藝術家等知識份子都會在這一帶出沒，巴西人咖啡館的存在便顯舉足輕重。一百多年後，店內裝潢依舊，進門處擺放著書報架和復古香菸販賣機，古老壁鐘高掛，雕花在天花板和樑柱上攀爬，牆上兩側的繪畫，都是當時年輕藝術家們的創作。橡木吧台擺滿酒瓶，配上黃銅色的扶手和甜點櫃，而另一側成排的鏡子，放大了空間的華麗感。

　　我點了咖啡一杯、蛋塔一顆，靠在吧台立食，糖包上頭印有正喝著咖啡的綠衣男子，是這裡的招牌圖像。名為巴西人，賣的就是進口巴西豆。據傳最初老闆以買一公斤豆子就奉上一杯免費咖啡來攬客，讓巴西人在短時間內打響名號。先前介紹的葡萄牙濃縮黑咖啡 BICA，也是得名自此。

　　巴西人可說是醞釀政治革命、思想啟蒙和文化發展的巢穴，昔日知識份子在吞雲吐霧中商討革命大計，作家在啜飲濃醇苦澀的咖啡中汲取靈感。你能從館內細節遙想當年盛況，只是現在店內滿是慕名而來的各國遊客，並爭相與門口費爾南多・佩索亞（Fernando Pessoa）的銅像合照，這位二十世紀葡萄牙最偉大的詩人作家，當年也是這裡的常客。

📍 R. Garrett 122, Lisboa

洛雷托聖母堂

失去上半身的聖母

就在希亞多和上城區這兩個繁華地帶的交界，洛雷托聖母堂有種若有若無的存在感，路人走過路過，大多直接錯過，倒是偶爾會見到流浪漢不醒人事，在門口大剌剌躺著。

這座教堂其實與眾不同，裡頭供奉的是義大利人所信仰的洛雷托聖母（Our Lady of Loreto），早在 1518 年由逾千名居住在此的威尼斯和熱內亞商人起意，把聖母像從義大利遷移過來，故也稱此為「義大利人的教堂」。

教堂同樣毀於大地震，於 1785 年重建，門口左右壁龕中的雕像是使徒彼得和保羅，由巴洛克具代表性的建築師波羅米尼（Borromini）雕塑，內部有十二間裝飾有巴洛克壁畫的小聖堂，正殿祭壇的彩色大理石，也是遠自義大利扛來。教堂承載著離鄉義大利人的信仰，不過最吸引我的是外頭混著大片天藍色的牆面，日正當中時清爽明亮，午後則映上光影交錯，電車自右側曬著溫暖陽光的一角出場，搖了幾聲清脆鈴響後，遁入影子裡悠然而去。

某天晚上，我和布魯諾及米雪經過這裡，順著布魯諾的指尖，我驚見頂端只有臉和下半身的聖母雕像。

「那座雕像也同樣來自義大利，運到這裡後才發現，尺寸太大，放不進壁龕裡，但運回去修改或重新打造得花太多錢，最後索性切掉上半身。」布魯諾笑說。天啊！這聽來好荒唐。該說是葡萄牙人隨遇而安嗎？我不知道，不過此舉解決了問題，也省了荷包，的確不失為一個好辦法。

📍 Largo do Chiado 16, Lisboa

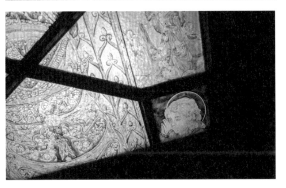

Praça de Luís de Camões

賈梅士廣場

詩人與年輕人

　　洛雷托聖母堂對街就是賈梅士廣場，每天有數以萬計的人來來去去。廣場中央的雕像是葡萄牙最偉大的詩人賈梅士（Luís de Camões），生於十六世紀，有人將他寫的詩與荷馬、但丁、莎士比亞的作品相提並論，最著名的是史詩《盧濟塔尼亞人之歌》（Os Lusiadas），內容為達伽馬與其他英雄開闢通

向印度新航線的故事，是對葡萄牙人民的頌歌，也表現出對家鄉的熱愛與探險
的嚮往。八角形的碑座底下，幾位葡萄牙文學家的雕像各佔一角，美人魚和船
隻的黑白碎石拼貼圍繞。

　　廣場不大，但由於地處樞紐，無時無刻都顯得繁忙，特別是中午過後，年
輕人開始聚集於此，學生、背包客、嬉皮坐在台階上無所事事。這裡更是夜生
活指標性的集合點，朋友們相約在此，先寒暄個一陣子，再一同出發到城市各
處飲酒作樂。

Convento do Carmo

卡爾莫修道院

空中水漂透天厝

　　這座修道院的遺址是神聖又神祕的存在。修道院入口就在同名的卡爾莫廣場旁，多層尖拱裝飾的大門，是典型哥德風格。買了票、打開門、走下階梯，眼前的修道院，屋頂像是被颱風吹走了，徒剩高聳的廊柱和斷垣殘壁，成了名符其實的透天厝。接續而去的飛拱，像是水漂在空中跳躍出優美的弧線，隨著日升日落，在地面和牆上映出隨性揮灑的墨畫。如同走進聖多明我堂一樣，宏偉的頹圮感，在我眼中美極了。

　　卡爾莫修道院是由國王若昂一世在位時的將軍佩雷拉（D. Nuno Alvares Pereira）所建，他在 1385 年率兵戰勝卡斯提亞（Castilla）王國軍隊，保衛了葡萄牙的獨立。修道院於 1423 年落成，同年他退役出家修道，八年後逝世，長眠於此。這座中世紀的哥德式建築在大地震中化為廢墟，一直到十九世紀中期，

當時葡萄牙國內廢除所有的宗教教令而不再重建，留下穹頂、中庭和未完成的
主殿成為紀念遺址，今日不少音樂會也在此舉辦。

　　露天長廊成了伸展台，兩側鋪上綠草皮，牆面還留有一道道聖堂尖拱的
輪廓，並陳列各種倖存和被挖掘出的建築殘骸。我走進室內的考古博物館
（Museu Arqueológico do Carmo），幽暗空間裡透著天窗微光，展出涵蓋史
前至近代的文物。幾具哥德式石棺中，以十四世紀費爾南多一世（Fernando I）
的雕飾最為精緻。在圖書館藏室裡，還保存了兩具秘魯木乃伊。

　　古文物莊嚴，但久待也讓人覺得沉重，走出館外時，太陽出來了。這修道
院以藍天為頂，陽光是最明亮的省電照明，隨意走著，突然想起國小時瘋狂著
迷的日本卡通聖鬥士星矢，幻想主角們穿著聖衣，在這修道院跟敵人打鬥，實
在太有畫面了。

🏹 www.museuarqueologicodocarmo.pt

Palácio Chiado
希亞多宮殿餐廳

新世紀美食殿堂

　　順著賈梅士廣場前三叉路右邊的迷迭道（R. do Alecrim）下坡，不遠處，一棟外觀氣派的宅邸，從布幔、遮雨棚到窗台欄杆都是高貴的黑色調，上頭印著「Palácio Chiado」的字樣。

　　見我停下腳步，身材魁梧的保全遞上一張卡片，解釋在此消費都是先以卡記帳後再結算。進到屋內，一樓大廳有酒吧、葡菜餐廳和一條條火腿高掛的肉吧，氣氛相當不錯。我穿過連結通道想上樓再探，才踏上幾階，宮殿便在眼前展開。

　　樓梯間有一窗圓拱形彩繪玻璃，牆壁和天花板滿是富含神話寓言般的畫作，小天使們在不知名的眾神旁嬉鬧，搭上花卉藤蔓的浮雕裝飾，實在夢幻。兩側寬敞的大理石階梯，以黑鐵綴上黃銅和拋光木板扶手，加上四邊立柱燈座，連線出一股雍容華貴的氣勢。

　　原來，這是棟佔地逾千平方公尺的十八世紀宮殿，為昆特拉男爵（Barão de Quintela）所擁有，1807 年法國入侵葡萄牙時，朱諾將軍（Jean-Andoche Junot）也以此為總部及官邸。隨著時代更迭，宮殿經過多次整建，還曾將一部分出租給法國領事館和藝術學院等，可說是 airbnb 的先驅。爾後，經過四十年的閒置，在 2016 年重現昆特拉宮殿的盛世，融合歷史與現代潮流，成為里斯本的美食殿堂。

　　走進二樓的各個廳堂，比起樓下，裝潢之華麗，有增無減，挑高逾十公尺的吧台，空中懸吊著一隻巨大的飛天金獅，坐在「Delisbon」的葡萄牙熟食餐廳的吧台，三面牆是描繪人民起義反抗軍隊的史詩壁畫。昔日貴族世家酒池肉林的盛宴，現在端上的則是漢堡、拼盤、鱈魚料理、在地海鮮、健康蔬食和日本壽司。賓客不再分貴賤，也無須盛妝打扮，里斯本的歷史，正以另一種創新形式，延續著風華。

📍 R. do Alecrim 70, Lisboa　🍴 www.palaciochiado.pt

里斯本，沒落的美感

Bairro Alto

上城

來過這裡的人應該都會同意，上城有一股特別的生活底蘊，或者，該說是種雙重性格。十六世紀，曼紐爾一世將王宮移駕至商業廣場後，底層階級被迫遷居至此，庶民生活於是展開。同樣是山坡上的傳統葡萄牙社區，阿法瑪蜿蜒曲折耐人尋味，上城區的構造則趨近棋盤格，視線得以延伸。兩旁的舊樓房，陽台上的小花和晾掛衣褲、空中交雜的電線和彩帶、三三兩兩的居民，一層層排列落下。豔陽間，碎石路漾出波光，流洩至盡頭便成藍色河灣，一幅美麗的圖畫。

二十世紀末，上城區開始發生變化。上述畫面仍在，但其間新穎的餐廳、酒吧和琳琅滿目的特色商店陸續開張。除了起因於政府有計畫性地翻新城市外，這裡不拘小節的特質也開始吸引年輕人逗留，塗鴉藝術落地滋長。

無須等到週末，每天日頭漸落時，年輕人便自四方湧入，如蟻群繁忙竄流，尋找適合自己的窩，直到人群溢出街巷，嗨翻了天（樓上的住戶情何以堪？）。上城無疑是里斯本次文化與夜生活的心臟，晚上來到這裡，你絕對會被那種青春尚好、放縱今宵的興奮氣氛，搞得一顆心也跟著撲通撲通跳。

閒靜與喧鬧，上城區的白天和黑夜，都應該好好來感受一回呀！

Chocolataria Equador 巧克力專賣店
咬一口迷你花磚

里斯本，沒落的美感

　　沿著賈梅士廣場左側的仁慈路（R. da Misericórdia）上坡，這間精緻巧克力店在葡萄牙算小有名氣。品牌由一位雕塑家和一位平面設計師於 2008 年在波多創立，他們自厄瓜多、巴西、馬達加斯加和古巴等地進口高級可可粉，生產手工巧克力，也有加入橙、薑、酸櫻桃、枸杞子、海鹽花、無花果等各種單一或混合口味。當然，散發出淡淡波多酒香的巧克力更是少不了。

　　保留部分老房子石板地和拱廊的原貌，再以簡約工業風裝飾，溫暖但不老派。微暗空間內，玻璃櫃的光亮顯得貴氣，排列整齊的巧克力上頭是各種鮮豔繽紛的紋路，普普風、金箔感，還有優美繁複的線條，根本就是一塊塊迷你版的花磚。除了巧克力上可食用花紋，以五〇年代元素為靈感，設計出各種復古典雅圖像的精美包裝，甚至還有沙丁魚造型的巧克力片，怎能不愛！

📍 R. da Misericórdia 72, Lisboa　🔧 www.chocolatariaequador.com

Manteigaria 蛋塔專賣店
美味現場直擊

　　除了貝倫區蛋塔老店外，2014 年才開張的 Manteigaria 是一致公認市區最好吃的蛋塔，排隊人潮總絡繹不絕，每天從中午熱賣到半夜才打烊。

　　沒有源遠流長的故事加持，這後起之秀的美味關鍵單純來自傳統食譜、手工製作和高品質的天然原料，並且標榜絕不使用人造奶油。我點了兩顆蛋塔和一杯咖啡，站在半開放式的烘焙房前享用，師傅們就在我面前輪番捏製塔皮，接著鋪壓在銀色杯模後，注入濃稠的卡士達內餡烘烤，再將前一輪已烤得橙黃微焦的蛋塔一顆顆脫模取出⋯⋯每個步驟，都是讓人口水直流的表演。

　　新鮮出爐的蛋塔外皮酥脆（很多雜貨鋪和麵包店賣的都偏軟），一口咬下，柔滑濃密的蛋奶餡在嘴裡流洩融化，滋味更是恰到甜處，在我個人嘴巴認證下，這蛋塔在里斯本絕對排得上前幾名哦！

📍 R. do Loreto 2, Lisboa　　🔭 www.manteigaria.com

Retrosaria 毛線雜貨店
身陷彩色迷魂陣

里斯本，沒落的美感

某天，愛打毛線的民婦 C 在臉書分享了一張里斯本毛線專賣店的照片，強烈表達朝聖欲望，為加深她的怨念，我決定搶先一步插旗。

位在繁忙的洛雷托路（R. do Loreto），招牌不大，若看到入口有一整面彩色郵箱，上二樓就對了。這裡以前是製造假人模特兒的工廠，現在以各種古董家具家飾佈置，堆滿毛線、印花布，還有看來可愛又暖和的服飾和襪子。地板上抽屜隨興堆疊，藤籃裡的毛線球像是豐收的漁獲，底下放了好幾雙阿連特茹來的手工鞋。櫃台的落腮鬍男微笑說聲 Olá 後便繼續低頭工作，他身後的大片玻璃窗，把陽光都上了柔焦，空間漫著舊店鋪溫潤的氣息，好想點杯咖啡，在這裡多消磨一些時光。

店裡的毛線來自世界各地，本土品牌當然是最大亮點。葡萄牙有十四種本土綿羊品種，其羊毛各有特色。對編織懷有熱情、冀望保存傳統，老闆羅莎（Rosa Pomar）走訪全國進行研究，更與生產協會、小型工廠和村莊個體戶合作開發，創立 Alfeire、Beiroa、Bucos、Larada、João 等品牌生產毛線，也間接拯救了瀕臨絕種的羊兒。店內除了毛線外，也販售各種工具、服飾以及印花布料，並經常開設編織和刺繡課程。

拍著拍著，我不禁陷入彩色的迷魂陣，失心瘋地挑了捲色彩斑斕迷幻的毛線，來自葡萄牙北部小鎮 Mondim da Beira，這是專為做襪子設計的細羊毛紗。據說，四〇年代小鎮就以生產羊毛襪為主，當地婦女煮菜、購物，甚至餵奶時，一邊都還在打毛線呢！

📍 R. do Loreto, 61-2F, Lisboa 🔗 retrosaria.rosapomar.com

比卡纜車

一廂街坊風情

若順著人潮沿洛雷托路西行，到了與康普洛街（Calçada do Combro）的交界，大家往往會不約而同地短暫停駐、朝同一個方向望去。因為，左邊是另一個打卡勝地：比卡纜車。

這條路線於 1892 年建造，跟榮耀、拉夫拉纜車一樣，都是先以水力推動，再陸續改為蒸汽和電力運作。纜車沿著比卡街（R. da Bica de Duarte Belo）爬升和下行約二百公尺，坡下入口站如同捷運共構，設在一棟樓房裡。

遊客們爭相倚著被噴漆的車廂拍照，以坡道兩旁傳統街坊和特茹河為背景，光影加強了畫面層次，小朋友玩耍踢球，居民買完雜貨，拎著塑膠袋一蹭一蹭散步歸巢。夜晚，這裡成了年輕人喜歡聚集喝酒聊天的角落。我心想，會不會人有喝到茫掉，來個大挑戰，坐上超市推車往下衝呢？那一定很刺激。

➤ www.carris.pt/en/elevators

里斯本，沒落的美感

聖佩德羅觀景台

展開一幅城市畫卷

　　從自由大道搭乘榮耀纜車到上城區，右側便是著名的聖佩德羅觀景台。倚著圍欄，前方聖若熱城堡、阿法瑪、莫拉里亞、恩典等如畫卷平鋪眼前，還有座 1952 年由瓷磚繪製的全景圖，對應重要和獨特的建築地標。

　　或許以花園相稱更為適切，綠蔭扶疏下有噴泉、長椅，還有座愛德華多·科埃略（Eduardo Coelho）和送報童的紀念碑，他是報紙《Diário de Notícias》1864 年的創辦人。下方花園清幽許多，錯落幾座希臘羅馬神話中的英雄塑像。

　　因地處坡道中段，觀景台是熱鬧的歇腳站，常見紀念品攤販和街頭藝人。那天，我先是坐在長椅上復刻《里斯本夜車》主角在此閱讀的場景，後來靜靜旁觀一位年輕畫家即興創作。在她柔美的筆觸下，黃色電車和街景躍然紙上，而里斯本的美，或遠或近，都在細節之中。

📍 R. São Pedro de Alcântara, Lisboa

Pharmacia 藥局餐廳
到藥局消磨時光

　　上城的山丘上有座醫藥博物館，雖不是熱門景點，但不少人會慕其餐廳「Pharmacia」之名而來。外觀如豪華宅邸，庭院草地翠綠，老外就喜歡點杯飲料在這裡曬太陽。白、咖啡和粉綠色的雅緻空間，壁紙是各種醫療用品的可愛印花。內裝以歐洲五、六〇年代診所為概念，看診用的三折屏風旁有座點滴架，壁櫃裡擺滿玻璃藥罐和量筒，調味罐和餐巾紙就躺在鏽蝕仿舊的急救箱裡，玩味氛圍拿捏得恰到好處。桌上包心菜葉的造型瓷盤在 A Vida Portuguesa 也有賣，由葡萄牙藝術家拉斐爾（Rafael Bordalo Pinheiro）所設計。

　　我點了巧克力蛋糕，指著吧台酒保剛調好的飲料，跟年輕女服務生說也想來一杯。她猶豫了幾秒，臉上明顯寫著心事。「怎麼了？快說！」我面帶微笑，心想案情不單純。「嗯⋯⋯我覺得那杯其實還好耶。」天呀，第一次碰到如此誠實的店員，里斯本再加五十分！

　　那天下午，窗邊豔陽放肆、屋內冷氣清涼吹拂，Bolo Fortaleza 巧克力蛋糕紮實濃郁，女孩推薦的特調萊姆汁 Paracetamol 酸甜入心。這時，紮著迷你馬尾的酒保朝這裡走來，問我是不是日本人，接著我們開始聊起了旅行。

　　「因為我有四分之一的日本血統，所以想去日本尋根。」

　　「啊，原來如此。但要去日本的哪裡呢？」

　　「我不知該從何找起，但就是想去，想看看日本是什麼樣子。」他這麼說著，而我看到了他眼神裡的憧憬。

　　隔年，我帶著臺灣好友 W 舊地重遊，鮮嫩的牛肉漢堡和蒜味香濃的洋蔥湯同樣美味。我四處搜尋，沒看到酷酒保，是這天沒班？還是他已經踏上尋根之路了呢？我不禁這麼幻想起來。

📍R. Marechal Saldanha, 2, Lisboa　　📘 Chef Felicidade - Pharmacia

Miradouro de Santa Catarina

聖塔卡蓮娜觀景台

自在不羈的風光

　　Pharmacia 前方是里斯本另一處熱門的觀景丘，兩旁各有販售亭和一家酒吧。大樹下，草地都被人們踏到光禿，只有石像仍屹立不搖。它是賈梅士史詩《盧濟塔尼亞人之歌》中的海怪阿達瑪斯托（Adamastor），象徵十五世紀末，

葡萄牙探險船艦在險惡的風暴海洋上發現南非好望角。

　　這裡視野寬闊，每天接近日落時刻，便開始聚集許多年輕人、背包客和嬉皮，三五好友，拎著一手啤酒，有人會帶吉他，坐在刻意設計的參差石階上，當作免費的露天酒吧，伴著面前特茹河的點點波光和白色帆船，喝著啤酒開心聊天。空氣中偶爾混著大麻的菸草味，他們抽的可是自在不羈的青春，跟著上城夜的節奏瞎混到半夜，笑鬧虛擲時光。

📍 401, R. de Santa Catarina, Lisboa

PARK 頂樓酒吧
一抹綠洲伴夕陽

　　自從 A Ginjinha 的熟客提到「PARK」後，這單字便一直深印腦海，幾次依手機地圖前往卻總是遍尋不著。直到有一天，魯諾和喬安娜下班後說要載我去喝一杯，將車停在一棟立體停車場，不是搭電梯下樓，而是領我順著坡道上行，沒多久，便傳來輕快的浩室音樂和含糊不清的談笑。一看，頂樓擠滿了人，垂掛的燈炮串在昏暗夜色中，散發迷濛微光，我整個人精神都來了。

上城

　　「這家叫 PARK，很酷吧！」魯諾遞上幫我點的 mojito，順口說。

　　「PARK！」恍然大悟，原來我一再錯過的店家，就位在這座停車場頂樓。度過歡愉年輕的一夜，決定擇日白天再訪。白天的 PARK 清新許多，地板、圍牆、椅子和吧台都以木板搭建，配上植栽藤蔓在頂樓砌出一抹綠洲。吧台就在入口旁，DJ 沉浸在自己的世界，右手轉盤、左手調鈕，混出來的音樂極棒，讓剛進門的人聽到，都忍不住跟著扭幾下。

　　取名「PARK」確實玩味，這酒吧在停車場，像座公園，也是讓人想暫時停佇的地方，以繁華上城和眼前聖塔卡琳娜教堂（Igreja da Santa Catarina）的鐘樓為前景，望著遠方 425 大橋和特茹河。大夥就賴在這裡坐著、站著，喝著酒、啃著漢堡薯條，開心熱絡地交談。慢慢地，日頭隨歡樂喧鬧開始西斜，夕陽迎面映射，前方男男女女成了曖昧的剪影，這裡，又變得更迷人了些。

📍 calçada do Combro 58, Lisboa　　 PARK

Carpe Diem Arte e Pesquisa
CDAP 藝廊

宮殿廢墟裡的藝術

跟當地藝術家鬼混的好處，就是他會帶你去很酷又能補充氣質指數的地方。某天跟佩德羅碰面，他帶我來到一間破舊宅邸。這又是里斯本的老招，外觀毫不起眼，裡頭雖然還是一副荒廢大半輩子的模樣，但顯然別有洞天。

拾階上樓，窗光透入打亮了空間，灰泥牆面雖然斑駁，但階梯氣派寬敞。大理石扶手有座手持棍棒的大力神雕塑，天花板以高雅的藍、黃兩色塗飾，浮雕繁複華美。二樓仍是一片廢墟樣，但難掩洛可可的韻味，走進採光明亮的房間，牆上掛滿不同風格的創作。啊，原來是藝廊來著。

「這裡以前是龐巴爾侯爵的宮殿。」看我如此驚嘆，佩德羅顯然很是得意。

194

　　最初由龐巴爾侯爵的曾祖父於十七世紀所建的家族宅邸，在大地震塌毀後，又隨著侯爵的崛起得以重建擴張。CDAP（Carpe Diem Arte e Pesquisa）屬於非營利機構，是當代藝術的實驗平台，成為新生代創作者、學術界和民眾交流的網絡。因龐巴爾宮被列為國家遺產，CDAP 決定維持原貌。昔日貴族住所變身展廳，平面畫作、影像、裝置藝術，殘破空間成為多元化藝術的框架，曾經的富麗堂皇，現在以另一種新的面貌呈現。

　　逛了一會兒，我們窩在角落的小咖啡館吃甜點，窗外空地上有棵茂盛巨樹，一些人在那裡乘涼。宮殿的歷史和藝術成為城市生活的一部分，而 Carpe Diem 字面上所代表的，就是「享受現在，活在當下」。

📍 R. de O Século 79, Lisboa 🏹 www.carpe.pt

里斯本，沒落的美感

Príncipe Real, São Bento

王儲、聖本篤

上城的感官刺激令人亢奮，但繃久了，難免想暫時抽離，這時不妨從巷弄往山坡上走，混亂氛圍便會稍稍褪去。穿越住宅區、享受片刻安靜後便得以柳暗花明，在坡頂迎來大宅小店和花園綠意。這裡的熱鬧多了幾分不拘小節、波希米亞般的優雅，人潮的密度剛剛好。

Príncipe Real 的葡萄牙文原意是王儲，以此為名，紀念十九世紀瑪麗亞二世女王第一個出生的兒子。就像坡上頂著皇冠，街區不算大，卻是引領里斯本新興時尚的地方，深受里斯本文青、雅痞和同志們喜愛。有別於自由大道和希亞多的國際名品，佩德羅五世（R. Dom Pedro V）大道上是各具風格的選物店，服飾配件、生活雜貨、家具家飾……每家店都有自己的調調，像逛小型藝廊般賞心悅目。這裡也不乏時髦風尚的餐廳和酒吧，像是天花板掛著巨大章魚裝飾的「A Cevicheria」或宅邸後花園「Zero Zero」。

如果時間充裕，不妨繼續沿著佩德羅五世大道往西，逛完國立自然歷史與科學博物館（MUHNAC）後鑽入對面巷弄，直到聖本篤街（R. de São Bento）。這街區除了新古典主義風格的國會大廈「聖本篤宮」外，還有不少古物店和藝廊，更有鮮少被觀光客打擾的在地生活樣貌。

Jardim do Príncipe Real
王儲花園

在綠意間休歇

　　花園一向不是里斯本的主流景點，但對於一座適合步行細覽、但陡坡不斷的城市來說，無疑是中和身心酸鹼值的中繼站。建於 1853 年的王儲花園，是藏身四面樓房間的一抹綠意，花園原名為「Jardim França Borges」，以紀念創辦《世界報》的共和黨記者弗蘭卡・博爾赫斯，園內有座他的銅像。不過，真正的主角是角落的百年柏樹，二人張臂環抱的粗幹向上，彎卷錯節的樹枝伸展成直徑逾二十公尺的大傘，靠著鐵架支撐成蔭，底下繞著一張張長椅，年紀大的、怕曬的就會躲來這裡。

　　放眼望去，年輕人愛坐在草地戴上耳機閱讀、野餐，情侶們不分性向高調

放閃，下午便有老人們圍著石桌叼牌插賭。週末時，我偶爾會繞來逛逛農夫和手作市集，也曾見過路邊有胖卡車改裝的行動書店，這是屬於所有里斯本人的地方，不分族群、老少咸宜。

水博物館是花園下的隱藏版景點，在十九世紀曾是里斯本的第二座水庫，自市郊水域引流供市民使用。除了像溫室的玻璃屋咖啡館外，花園北面兩側各有座販賣亭，據說左邊粉紅色的販賣亭自十八世紀初就已存在。有一次我和佩德羅來到這裡，他點了雞肉餡餃和一杯褐色神祕飲料，說是道地的「mazagran」，加了檸檬汁、薄荷和萊姆酒的冰咖啡。我借來淺嚐了一下，啊——甜酸甜酸的滋味頗為爽口，美酒加咖啡，我自己也想來一杯。

 Praça do Príncipe Real, Lisboa

EMBAIXADA 購物藝廊
街角的摩爾皇宮

　　王儲花園對街轉角的建築，牆面素淨高雅，馬蹄形拱頂的窗格整齊排列，上頭罩著圓頂和裝飾性的細尖柱，散發出阿拉伯的浪漫情調。這是十九世紀後期打造的宮殿，最初為私人宅邸，荒廢閒置多年後，「EMBAIXADA」是它的新名字，一間微型的購物中心。

　　走進裡頭，兩層樓的挑高格局，以樓梯扶手的人像燈飾和牆面巨幅裸女畫作迎賓。右側是與阿連特茹之家相仿的迴廊空間、典型的摩爾式格局，頂頭有日光映入，角落熱帶植栽讓中庭餐廳給予人置身花園之感，不管是自一樓仰

望，或從二樓俯瞰，各具美感。

　　EMBAIXADA 結合藝廊和精品店的概念，牆面懸掛展覽畫作，各間房走的是新藝術運動的裝飾風格，多家葡萄牙本土設計品牌各據一室，有家具家飾、時尚女裝，男士西裝、手工皮鞋、生活雜貨、保養香氛、兒童服飾和文創商品等。明亮寬敞的格局、有質感的商品陳列，的確讓人有逛藝廊的氣氛，而這又是另一個歷史空間融合現代生活的完美例子。

　　逛完室內，後方植物園的一角還有庭院酒吧，隔離了街上人潮車流的喧擾，適合點杯飲料、嗑盤小吃、賴在長凳或躺椅上，悠哉消磨些許時光。

📍 Praça do Príncipe Real, 26, Lisboa 🏹 www.embaixadalx.pt

Bettina & Niccolò Corallo 巧克力專賣店
來自殖民地的可可豆

　　初踏進這間在地人推薦的巧克力店時，略顯簡單的空間，一度讓我誤以為裝潢工事還沒完成，但眼尖瞥見櫃上那台被稱作咖啡機界法拉利的 La Marzocco，說明了這裡深藏不露。

　　一位打扮素雅的婦女正在招呼客人，年輕員工從後頭端出剛烤好的布朗尼，這是老闆貝蒂娜（Bettina Corallo）與她的兒子尼克洛（Niccolò）。八〇年代，貝蒂娜在當時葡萄牙的殖民地剛果生活，認識了從事咖啡貿易的義大利籍丈夫。後來兩人輾轉到同是殖民地的聖多美普林西比，重建廢棄的咖啡莊園，並以豐富的咖啡生產知識嘗試種植可可。在里斯本的這家店，除了使用自家莊園的可可豆外，也向委內瑞拉、玻利維亞、加納和巴西等國的生產商直接採買。

　　玻璃櫃內沒有造型和包裝精緻的商品，盤子上片片裸露堆疊、包覆核果碎屑的巧克力片看來更是純粹可口。

　　「每天我們都會烤咖啡豆和可可豆，保持新鮮的香氣和原味。」貝蒂娜說。

　　這裡的手工巧克力不僅凸顯了可可的純正品質，也會添加獨特口味的水果或堅果，像是義大利 Calabria 的橘子或 Piedmont 的榛果。我嚐了口太妃糖混海鹽的巧克力，太妃糖掩飾了高純度的苦，海鹽使其甜而不膩，絕妙搭配，不愧是超人氣商品。聊著聊著，貝蒂娜聽到我從臺灣來，驚訝指著牆上和目錄的手繪插畫說：「太巧了，這些也都是臺灣的插畫家幫我們設計的呀！」

📍 R. da Escola Politécnica 4, Lisboa　📞 www.claudiocorallo.com

MUHNAC
國立自然歷史與科學博物館
嘖嘖稱奇、步步驚心

待在里斯本愈久，愈能深刻感受，這座城市遺留下的不只是電車、花磚和蛋塔，還有許多驚喜的寶藏，像是這棟國立自然歷史與科學博物館（Museu Nacional de História Natural e da Ciência，簡稱 MUHNAC）。

博物館成立於 1926 年，現隸屬於里斯本大學，大廳為哥德式的拱形挑高結構，一進左側房間我傻眼，挑高空曠的化學實驗室，一根根纖細柱子優雅支撐起空間，明亮採光助長了氣勢。木造實驗檯上的白磚多已泛黃，造型奇特的黃銅水龍頭仍在，還保留幾座結構複雜的古老器材，隔壁即是格局如圓形劇場的教室。據說這裡可能是歐洲僅存的十九世紀實驗室，讓人不免幻想兩個世紀前，學生們在此上課、做實驗的景象，科技快速演變至今，過去的這一切可是彌足珍貴。

MUHNAC 有數十個館藏展覽，聚集超過二百五十年，跨越地質、植物、物理、化學、天文和人類學等各領域史料和物件，玻璃櫃裡陳列各種機械儀器，來自全球的岩石和礦物，昆蟲、甲殼類、哺乳類和兩棲動物的標本化石，還有超過千組、最早追溯至十九世紀的人類骨骸，提供科學家記錄使用。世界的奧妙就在面前一件件真實攤開，驚喜不絕，但也驚悚不斷。

此外，園區除了保留十八、十九世紀的貴族馬術學校和天文台，還有號稱葡萄牙最古老的花園，裡頭沒有精心修剪的花草造景，枝葉任意滋長，雖不算特別，但也不失為求得片刻寧靜和涼爽的好地方。

📍 R. da Escola Politécnica 56, Lisboa ☎ www.mnhnc.ulisboa.pt

里斯本，沒落的美感

Nannarella 義大利冰淇淋
綿密滋味疊好疊滿

　　那是一個生病未癒的午後，我和亞伯在聖本篤一帶散步，經過這家窄小的冰淇淋店，外頭一堆人嗷嗷待哺。

　　藍底白字的招牌告示看來清爽，復古字型巧妙混雜兩種語言，例如「Gelati」是冰淇淋的義大利文，「Gelataria」則是葡萄牙文的冰淇淋店。老闆寇斯坦薩（Costanza Ventura）是羅馬人，舉家搬到葡萄牙實現開店夢想。她依循家族食譜，堅持以自然原料和傳統手藝，製造百分之百的天然冰淇淋。雖然不是老字號，但2013年開業後便迅速在里斯本打響名號。

　　店裡看板同樣以雙語介紹冰品與口味，草莓、覆盆子、檸檬、榛果、杏仁、巧克力、優格……依紙杯或餅乾杯大小和種類計價，最貴的上頭裹著巧克力和榛果屑。我選了一般杯，配上檸檬、草莓和巧克力三種口味，只見店員刮刀下得慷慨，大方往杯裡抹壓、疊好疊滿，再加碼淋上鮮奶油，快兩個拳頭大的冰淇淋，只要佛心的三歐元，這就是葡萄牙。

　　接過冰淇淋的那一刻，完全忘了咳到厭世的自己，一出門便貪婪地把三種口味都舔上一回，檸檬的清爽、草莓的香甜、巧克力的濃郁，口口綿密，味道銷魂，邊吃邊咳得心甘情願。店鋪沒得坐，我們走到旁邊的公園，加入大家坐在長凳上吃冰的行列。吃著吃著，突然想到沒先拍照！於是，一週後我又來了。這次點了百香果和覆盆子，在陽光燦爛的日子，冰淇淋的色澤更是誘人，滋味特別美好。

📍 R. Nova da Piedade 64, Lisboa　　📘 Gelateria Nannarella

Hello, Kristof 咖啡館
你好，葡萄牙斯堪地納維亞

　　里斯本爆紅後，跟魚罐頭店一樣，咖啡館也如雨後春筍般開張。其實在進門前沒抱太多期待，以為這裡只是應遊客而開。意外地，裡頭甚為安靜，有人在看書，有人正喝著咖啡打電腦。環顧四周，白色牆面，色澤不勻稱的水泥地板，線條俐落的木桌、層架和吧台，呈現出斯堪地納維亞的簡約風格，攪和著燈飾點亮的溫暖。

　　老闆里卡多（Ricardo Galésio）是名自由平面設計師，居家工作多年的孤獨感讓他心生改變，受到在紐約旅行的啟發，決定開家咖啡館。他找到這個閒置了二十年的空間，保留並修復原有結構，注入自己對於北歐美學的熱情，並由擁有本土家具品牌 Azzoto 的自家兄弟，負責櫃台設計製作和家具選品，打造出自然怡人的空間。

　　長桌的靠背椅各不成對，我在角落找了個位置坐下，旁邊牆面木架上雜誌成兩列排開，都是設計、攝影和生活時尚類的獨立雜誌。北歐風格搭配文青雜誌的咖啡館在全球已流行好幾年，但在里斯本可還算是件新鮮事。

　　一邊翻著雜誌裝氣質時，廚房那端飄來陣陣烘焙香。這裡供應自製糕點，我點的是兩片微焦土司抹上厚實的新鮮酪梨泥，再撒滿堅果碎屑和粉紅胡椒，同樣帶著北歐飲食返璞歸真的調子。而此時，玻璃門外仍是葡式日常，陽光看來依舊溫暖，對街傳統雜貨店的人忙碌進出，偶爾有 28 路黃色電車自門外經過……改變中的里斯本，靈魂仍在，同時也漸漸注入了新的生活主張。

📍 R. do Poço dos Negros, 103, Lisboa 🖌 www.hellokristof.com

里斯本，沒落的美感

Cais do Sodré

索德爾碼頭

　　本區取名自十五世紀來此定居、從事海上貿易的英國索德爾家族，倚臨特茹河岸，混雜了悠閒和繁忙兩種城市生活感。碼頭區以特塞拉公爵（Duque da Terceira）廣場為中心，往河岸走，右邊的地鐵綠線終站銜接地面火車站，一路向西出海，通向海濱勝地卡斯凱什（Cascais）。左邊往拜薩的河堤步道，有綠地、有小酒吧、有隨興彈唱的街頭藝人，是市區我最喜歡散步的地方。

　　這一帶因早年是水手們喝酒尋歡的紅燈區而臭名昭彰，但隨政府著手改造社區而快速新興，從低俗粗鄙變得時髦充滿活力，特色酒館和餐廳林立，展現出屬於自己的地區風格。車站和廣場的人潮交通總是繁忙，但白天轉身入巷時，周遭事物會讓人有種還在補眠的平和狀態。直到黑幕降臨，里斯本的夜生活便從下城區順著迷迭香大道的陡坡流洩至此，燈紅酒綠逐漸昇華。

　　其中，大道下的「粉紅街」（R. Nova do Carvalho）最為人津津樂道。因一場走秀活動而保留下來的粉紅色地面，合情合理地成為這裡夜生活的精神地標。粉紅街上除了幾家知名酒館外，橋下的「Musicbox」可說是里斯本最重要的地下音樂俱樂部之一，表演涵蓋爵士、搖滾、金屬和獨立音樂，因此吸引年輕男女聚集於此，粉紅色被擁擠的人群淹沒，大家徹夜狂歡、縱情享樂。

Loja das Conservas 魚罐頭專賣店
陷入美味選擇障礙

　　昔日海權帝國造就出豐富的漁業文化，魚罐頭也歷史悠久，特別在第二次世界大戰期間，罐頭工業更是蓬勃發展，現在罐頭更不再只是罐頭，而成了聞名全球的葡國飲食象徵。

　　走訪里斯本的第三個夏天，街頭冒出好幾家新的魚罐頭店，但無論裝潢再怎麼花枝招展，我對初戀 Loja das Conservas 的愛始終如一。這品牌由魚罐頭工業協會（ANICP）成立，店內販售葡萄牙十九家品牌、超過三百種罐頭。和拜薩 Conserveira de Lisboa 的溫馨氛圍不同，這裡就像座小型博物館。

　　這些美味來自葡萄牙各地的罐頭製造工廠，像 1912 成立、印有「葡國老

人牌」中文字樣的「Porthos」，罐頭上的翹鬍子男才不是什麼葡國老人，而是取名自大仲馬小說《三劍客》的主角；來自西北部漁業小鎮的「Matosinhos」是葡萄牙歷史最久、規模最大的魚罐頭類工廠之一；1942 年的「Minerva」則以雅典娜女神為包裝形象；北部海港城市的「Póvoa de Varzim」標榜先以古法蒸熟每天捕撈的鮮魚後再裝罐；「Santa Catarina」來自外海亞速群島（Açores）的聖若熱島（São Jorge），漁民以特殊的桿釣方式捕魚以避免不必要的捕撈，維護海洋永續。還有西班牙人來此設廠製造的大眾品牌「Ramirez」，以及花磚包裝紙設計的「BRIOSA」……品牌多到目不暇給，牆上還展示各家品牌的歷史變革，稍稍閱讀，便彷彿跟著陷入一場葡萄牙漁業的發現之旅。

　　略知品牌後，難關還在後頭。店內主角除了沙丁魚外，還有鯖魚、鮪魚、竹筴角、章魚、鱈魚、淡菜等多種海鮮，再來就是水煮、橄欖油、茄汁和檸檬、

蒜味、鹽漬、辣味之間的排列組合，當然品牌包裝設計的好感度也是入手重要的考慮因素。對於有選擇障礙的我來說，在這裡採買，真是一大挑戰。

　　Loja das Conservas 成功將大型魚罐頭雜貨鋪營造出潮流選物店的質感，傳統的罐頭食品，現在變身為遊客愛不釋手的伴手禮，這時挑三揀四就成了惱人卻又開心的事，但若怕挑到雷，就直接跟店員求救吧！店員個個親切好聊，有名男店員跟我介紹幾樣他的心頭好後，還不忘偷偷說他覺得水煮的不好吃不要買。另一次，我請女店長讓我為她拍照，說我會放在粉絲頁上宣傳。

　　「你可要把我拍美一點，交不交得到男朋友就靠這張了！」她笑說。

📍R. do Arsenal, 130, Lisboa　🅵 Loja das Conservas

Figaro's 理髮店
華麗而硬派

2016 年，貝克漢為連鎖服飾品牌在里斯本取景的廣告中，有一幕坐在理髮椅上對著鏡子帥氣撥弄頭髮，那復古華麗的場景，就是在這裡拍攝的。

風化的牆面、仿舊的地板花磚、麋鹿和野豬頭標本、古董家具和各式髮型的黑白照是必要的點綴。舊木桌櫃有數不清的抽屜，大理石桌面散落著各種修容工具和造型品，空氣中依稀飄散著淡淡蠟香，拋光木條環繞鏡面，在頂端圍成翹鬍子模樣。五〇年代的復古裝潢，陽剛味十足的浮華。師傅多半梳油頭，身著白色寬鬆制服，幫客人剪出包括 pompadour、slickback、punk 和 rockabilly 等各年代的經典髮型。老闆法比歐（Fabio David Marque）在 2014 年開業前，花了兩年半廣泛研究和訓練理髮師。果然，一出手便炙手可熱，即便剪一次頭要二十五歐元，仍吸引男子漢們來此朝聖，享受尊榮的理髮服務。

對了，Figaro's 堅持傳統，所以這裡女賓止步哦！

📍 Rosemary / R. do Alecrim 39, Lisboa　📍 Downtown / R. da Madalena 63, Lisboa
🏴 www.figaroslisboa.com

Pensão Amor 酒吧
廉價旅舍之愛

　　膽大而滑稽、俗豔而時髦，是我對於這裡喜出望外的感想。當你走進屋內，就像跨入紙醉金迷的時空，老派的那種。主廳是大紅色牆面搭配寶藍色門簾，褪色的天鵝絨座椅、一些豹紋布料、幾個金色塑像，牆上掛滿裸女照片，天花板是仿梵蒂岡西斯廷禮拜堂裡的男體壁畫。另一側則像是舊式迪斯可舞廳，頂頭漆有黃、綠、紅的螢光色彩，中間杵了根鋼管，入夜後會打上迷幻的藍色燈光。

　　走訪的那夜沒能得見鋼管秀，僅有爵士樂團在舞台上慵懶彈唱，歡樂嘈雜的場子裡，男男女女看來已經喝了好幾輪，配著這裡招牌的秘魯酸橘汁醃魚

（ceviche），酒精和曖昧不明的燈光拉近了彼此的肢體，耳鬢廝磨。我四處遊走，樓梯牆面滿滿大膽不羈的情色塗鴉，女子個個不是裸露酥胸，就是一身SM的性感皮革裝扮。酒吧還有個書房，粉紅色書架上擺滿了各種情色文學。

　　這驚喜其來有自，Pensão Amor 在字面上是「廉價旅舍之愛」，這棟十八世紀的建築前身是間妓院，寂寞難耐的水手、剛領到薪資的工人，來此租個以時計價的小客房，和妓女享受短暫歡愉。時至今日，放蕩的日子早已逝去，三流之地已成為潮流聚所，不拘一格的個性讓它在里斯本眾多夜店酒吧中仍領風騷，這裡依舊情色滿溢，但色情不再。

R. do Alecrimn 19, Lisboa　www.pensaoamor.pt

Sol e Pesca 沙丁魚酒吧
來盤「腥」鮮下午茶

　　會來到這裡，都是因為對沙丁魚罐頭的愛。

　　Sol e Pesca 就在粉紅街上，招牌的設計解釋了店名，「sol」是陽光，「pesca」是釣魚。這裡前身是間釣魚用品專店，歇業二十多年後，接手的業主保留昔日氛圍，打造出相同概念的主題酒吧，從中午開門營業到凌晨兩點，愈夜愈熱鬧。屋內牆面滿是釣桿、魚線、誘餌、浮標和救生圈，還有一張張魚類圖鑑海報，浮球和魚網袋如燈籠在空中高掛，而各種品牌和口味的罐頭，就像是紅燈區女郎，花枝招展地待在昏暗的玻璃櫥窗裡。

　　服務生拿了根釣桿走過來，菜單就綁在上頭。菜單宛如一本圖書館目錄，先是品牌、種類，最後選擇口味。即便井然有序，一次面對上百種選擇仍讓人不知所措，最後在他的熱心推薦下，我選了罐近百年老品牌，仍以人工裝罐的老牌「Pinhais」的橄欖油漬竹筴魚。

　　端上桌時，竹筴魚就躺在橄欖油的淺灘，附上一籃口感綿密的阿連特茹麵包。接下來這段美好的下午茶時光，我口裡咀嚼帶著橄欖油香的魚肉，一手讓麵包貪婪地吸飽帶著魚香的橄欖油。我相信，里斯本人肯定不想花錢來這裡點魚罐頭吃，但對於外地人來說，卻是種新潮又接地氣的葡式美食體驗，連已故的知名美食節目主持人安東尼・波登都曾來這裡出外景了，你能不來瞧瞧嗎？

📍 R. Nova do Carvalho 44, Lisboa　🎣 www.solepesca.com

Time Out Market Lisboa 美食市集
一本可以盡情吃喝的雜誌

　　熱愛旅行的人應該都知道《Time Out》這個英國集團已出版逾四十個國家的在地旅遊指南，介紹過無數的餐廳和店鋪，而當我第一眼看到建築外高掛著「Time Out Market Lisboa」大招牌時，真的驚訝到瞪大眼睛，迫不及待衝進去一探究竟。

　　市集位在里斯本最古老的里貝拉市場（Mercado Da Ribeira），幾個世紀以來，歷經地震、火災、經濟蕭條，1882 年搬到現在的位置，而 2014 年 Time Out Market 的進駐，不但翻新空間，也讓老舊市場在聚光燈下重新閃亮。

　　打造一座美食市集，是 Time Out 史無前例的嘗試，其營運概念就是成為世界上第一本可以閱讀、吃喝的雜誌。「美食街的路線、餐廳的水準」是這裡的定調，超過三十間餐廳及店鋪，這都是由《Time Out Portugal》的記者群，憑藉豐富的採訪經驗和產業知識所推薦的餐廳和供應商。每個攤位的飲食風格各不搶菜，但多半秉持著葡國製造、葡式滋味的相同原則。

索德爾碼頭

221

　　所有店鋪統一以黑底白字的招牌配上插畫風格，開放式廚房讓料理過程成
了一場場精彩的即席表演。這裡的好料多到難以一一唱名，海鮮燉飯、烤花枝、
章魚沙拉、熱炒蛤蜊、油漬明蝦，炸蟹肉絲配麵包都各有所愛，還有各式火腿
拼盤和傳統小點，「Honorato」鮮嫩多汁的頂級牛肉雙層漢堡，搭配香酥薯條
和濃郁的大蒜蛋黃醬超銷魂。硬要供出人氣最旺的，大概就是出身葡萄牙北部
的女主廚 Marlene Vieira 的同名攤位，將葡萄牙傳統美食重塑後精緻呈現，而且
幾乎所有人都要加點一杯白酒來配才過癮。

　　說到酒，這裡還有不同攤位提供琴湯尼、葡萄酒、啤酒和雞尾酒暢飲，
飯後甜點又以「éclair」法式閃電泡芙最是誘人。此外，像是 Conserveira de

Lisboa、Manteigaria 和 A Vida Portuguesa 在這裡都有分店。當然，你也能買到最新一期的《Time Out Lisboa》和精選特刊，掌握新開幕店家、當季藝文娛樂活動等在地最新資訊，還可以來上「Academia Time Out」的廚藝課程。

　　挑高明亮的空間下，用餐時間常聚集爆滿的人潮，與陌生人分享長桌，各自大快朵頤，刀叉與餐盤碰撞發生的清脆聲響，吃到美味時爽快的談笑喧譁，混雜迴繞於耳際，直到凌晨兩點。這是里斯本的美食新風貌，雖然觀光客已經多到爆，但推薦初訪里斯本的你，還是一定要來 Time Out 一下。

📍 Av. 24 de Julho 49, Lisboa　　🍴 www.timeoutmarket.com/lisboa

Wanli 咖啡館
曾曾祖父的一只盤子

　　來訪之前，我心中有個謎團。亞伯說這裡的收藏很有意思，且店名跟中國有關。「Wanli」這字不斷在腦中迴繞，但始終解不出答案。

　　Wanli 位在索德爾碼頭隔壁的桑托斯（Santos-o-Velho），是一處寧靜恬適的歷史街區。店內顯然不是我猜想的中國風，櫃台上排滿烈酒，大嘴鳥和棕櫚葉裝飾帶點熱帶慵懶，老闆卡洛斯（Carlos Fagulha）白髮蒼蒼，講話溫和但有個性。甜點就三種，簡單擺在透明罩裡，用字卡註明是「傳統食譜」。我快速點了香蕉蛋糕和咖啡，便迫不及待起身探索這深邃的長廊。

　　長廊兩側擺滿各種陳年收藏，家具家飾不說，鐵皮玩具、瓷偶、裁縫機、舊海報、德式鋼盔……數百件擺飾，連復古的吸塵式也給掛上。該形容自己彷彿置身時光隧道，還是囤積狂之家呢？無論如何，我很喜歡這裡。

　　「我就住這裡，而這些是我們家族五代以來的收藏。」卡洛斯看出我的好奇。聽他這麼一說，我對里斯本早年的居家生活樣貌，產生了更多想像。

　　我們邊吃蛋糕邊聊到里斯本爆紅後，周圍許多舊建築被打掉重練，住在這裡大半輩子的他，顯得有些無奈。至於 Wanli 謎團也真相大白，原來是明神宗的年號「萬曆」！鎮店之寶就是牆上一只萬曆年間的瓷盤，是曾曾祖父的收藏。我問卡洛斯還有什麼特別值得介紹，他順手指了指角落的兒童三輪車說：

　　「這個吧，是我小時候騎的。」我楞了幾秒，然後蹲下端詳三輪車旁的舊照片，還真的是他耶！

📍 Calçada do Marquês de Abrantes 82, Lisboa

里斯本，沒落的美感

Belém,
Alcântara

貝倫、阿爾坎塔拉

　　即便貝倫區少了我喜歡的日常生活感，沒有山丘、沒有稠密的樓房和人潮，但來到這裡，換了風景、視線變得寬闊，那是種截然不同的舒暢。

　　Belém 源自葡萄牙語的伯利恆，位於里斯本西側，地處特茹河的入海口。在大航海時代，這裡是航海家們前仆後繼、逐夢探索世界的起點，而當艦隊返航，帶回各國珍寶和海外貿易獲得的大量財富，讓貝倫一度變身為繁華富庶之地，地理位置也使其成為里斯本的防禦港口，重要性不言而喻。而昔日繁景現在化為各種類型和時代的博物館，穿梭古今之間，錯落在這廣大的腹地上。

　　來這裡逛景點就像是玩闖關遊戲，首站便是到蛋塔始祖店「Pastéis de Belém」朝聖嚐鮮，接下來是世界遺產「熱羅尼莫斯修道院」（Mosteiro dos Jerónimos）。當然，附近的「發現者紀念碑」（Padrão dos Descobrimentos）和「貝倫塔」（Torre de Belém）也是必闖關卡。剩下的，就看你時間和好心情，挑幾棟有興趣的建築和博物館瞧瞧。或者，就坐在岸邊或達伽馬花園（Garden Vasco da Gama）的草地上曬太陽，拿出外帶的蛋塔，虛擲些許美好時光。

　　如果有時間，在天黑之前，沿河岸散步回到忙碌的市區，會是我極為推薦的選項。途中你會經過阿爾坎塔拉區，這一帶在十九世紀中期是紡織等製造業的重鎮，工人們也居住在此，而閒置的倉庫和空地，現在已陸續成為年輕潮流和次文化的聚落，以另一種形式，重拾這裡的繁榮景象。

Pastéis de Belém 蛋塔創始店
蛋塔始祖無敵美味

　　來到這家 1837 年開業、葡萄牙蛋塔創始店的門口，我遵循喬安娜的叮嚀，略過外賣長龍，從左側入口直搗店裡。我厚顏但有禮貌地詢問正要入座的年輕情侶能否併桌，他們欣然同意。沒多久，我們聊起天來，服務員趨前點餐。

　　「兩顆蛋塔、一杯 Galão，再外帶四顆蛋塔。」我說。先內用再外帶，這就是喬安娜口中的偷吃步，不用傻傻跟著人潮在外頭等候。

　　這裡的蛋塔聞名於世，起源與 1820 年的自由主義革命密不可分。蛋塔誕生於熱羅尼莫斯修道院，因 1834 年葡萄牙所有修道院被勒令關閉，修道院的神職人員為求生存，便將配方賣給隔壁原本經營甘蔗煉油廠的老闆，爾後煉油廠轉行賣蛋塔，配方代代相傳至今，吸引世界各地遊客慕名而至，天天高朋滿座。

　　藍與白是這裡的基調，牆面仍保留許多繪藝精緻的舊藍瓷。蛋塔每天手工新鮮製作，並遵循祖傳祕密食譜，食客們僅能隔玻璃遠觀，看著剛出爐的烤盤上一朵朵金燦黃澄。（每天平均能烤出兩萬顆！）

　　鬧烘烘的店裡，服務生穿著白襯衫黑背心，敏捷地四處流竄點餐端塔，人們嘴巴一邊談笑，一邊忙著咀嚼這蛋塔始姐的滋味。在里斯本吃塔無數，一顆好的蛋塔，口感嫩滑香軟、濃而不膩已是必要條件。對我來說，Pastéis de Belém 的致勝關鍵，是那一層層薄而微焦的餅皮。一口咬下，會先享受到餅皮炸裂的酥脆口感，接續而來的奶黃和肉桂香氣，在口腔內前仆後繼、濃醇攻堅，讓味覺達到高潮，難怪老店近兩百年依舊制霸，要我一次嗑上四顆也完全 OK 呢！

📍 R. Belém 84-92, Lisboa　🏹 www.pasteisdebelem.pt

Mosteiro dos Jerónimos
熱羅尼莫斯修道院
壯闊雋永之美

修道院興建於十六世紀初，以紀念達伽馬自葡萄牙遠航發現印度，數年後並攻下南印度果亞為殖民地，讓葡萄牙躋身海權強國之列。在他啟航前，就是來這裡的舊修道院參加彌撒。而在 1755 年大地震一片哀鴻遍野中，唯有修道院如神靈護體屹立不倒，當時在此的王室成員和修士倖免於難，為後世樂道。

相較於蛋塔店的擁擠，有著超過三百公尺長的門面，修道院外的排隊人潮顯得特別渺小。建築以葡萄牙特產 lioz 石灰石打造，石頭上米黃色的細粒略帶著粉紅光澤，在十九世紀整修後，呈現混合了哥德晚期風格、曼紐爾式與文藝復興風格的交錯樣貌。

修道院右側是聖母教堂（Igreja de Santa Maria），進門左右兩側各有一具棺槨，上頭刻塑平躺長眠的雕像，一邊是達伽馬，另一邊則是詩人賈梅士。再往前走，穹頂挑高逾二十五公尺，僅以六根文藝復興風格的八角細柱，如棕櫚向上延伸支撐，開枝散葉成哥德式的尖肋拱

頂。自兩邊玫瑰窗透入的彩色光線，讓昏暗空間多了些異境般的迷幻。

　　修道院主體是開闊的庭院，以兩層樓的拱形迴廊環繞，中央綠地如茵，瀰漫著濃厚的曼紐爾式風格。這種風格融合了摩爾和哥德晚期建築的精髓，顯揚十五、十六世紀曼紐爾一世在位時，葡萄牙遠洋航海帶回的異國文化，除了常見的螺旋狀石繩、石結、朝鮮薊和大象等來自新世界的動植物圖紋外，還有代表大海意象的貝殼、波浪、鐵錨，以及象徵王權的紋徽和渾天儀等元素，美麗繁複的細節在此盡情展現。

　　迴廊原為修道士隱修之所，如今我與其他遊客在此散步細覽，特別是當影子倒映在迴廊地面時，寧靜的空間感更是引人遐思。迴廊周圍還有昔日的聖器間、會議室和飯廳，飯廳外有座小石獅噴泉，以前所有修士都得先在這裡洗手才能入內用餐，現在則成了眾人擲幣妄想的許願池。二樓還有以前供唱詩班使用的閣樓，從這裡能以不同視角欣賞莊嚴聖潔的聖母教堂。而離開修道院時，我抬頭看著這棟巨大的建築，回味方才眼睛所見、指尖撫觸的細節，仰之彌高、望之彌堅的雋永，是繼蛋塔後，另一個心中深刻的驚嘆。

📍Praça do Império, Lisboa　🔖www.mosteirojeronimos.pt

驕傲的風帆

自修道院越過帝國廣場花園，高聳的紀念碑就矗立在特茹河岸，像是艘停泊港岸、蓄勢揚帆的大船。

紀念碑建於 1960 年，以紀念恩里克王子逝世五百週年。他是葡萄牙人遠洋航行的先驅，創辦了全球首間航海學校，並興建港口、船廠及天文台等，獎勵航海事業，提倡人們出海尋找香料和黃金，讓葡萄牙邁出歐洲，因此獲得「航海家」（Henry the Navigator）的美名，也為葡萄牙奠定海上霸主的基石。

紀念碑以卡拉維爾帆船（Caravel）為設計靈感，這是盛行於十五世紀、葡萄牙和西班牙航海家海上探險普遍使用的三桅帆船。船頭是手握帆船的恩里克王子雕像，領著斜坡兩側共三十二位大航海時代重要的歷史人物，除了航海家達伽馬、麥哲倫外，還有奉派至亞洲傳教的沙勿略（St. Francois Xavier）、阿方索五世，以及多位貴族、重要的科學家、數學家、畫家、作家和詩人等，雕像個個栩栩如生，彷彿在王子的帶領下，前仆後繼登船，為葡萄牙創造出最強盛富裕的年代。

廣場地面上有個巨大的馬賽克羅盤，將世界鑲嵌其上，記錄著航海家們遠征探險與殖民的足跡，而登上紀念碑近五十公尺的眺望台，就能像海權霸主般，將世界踩在腳下。身為地理大發現的先驅，紀念碑對葡萄牙有著非凡的意義，儘管葡萄牙如今雄風不在，但昔日不可一世的輝煌，仍是葡萄牙人心中挺立驕傲的脊樑。

Av. de Brasília, Lisboa　www.padraodosdescobrimentos.pt

歷經歲月的壁壘

　　離紀念碑不遠處，貝倫塔像是座古老而神祕的孤島。孤島以木棧道相連，不少人排隊等著一窺其風貌，此時，買聯票排快速通關是聰明人的作法。

　　貝倫塔是由國王曼紐爾一世下令建造，於 1520 年告竣，除了紀念里斯本的守護者聖文生外，主要用以防禦敵軍入侵。倒 U 的壁壘自塔樓外推，牆垛各角設六座崗亭便於觀察情勢，底層有十七個炮位可火力全開擊沉船艦，地板中央隆起的設計則用於保護大炮、並利於排水。屋頂上矩形天窗為通風口，讓開炮後的硝煙能迅速散去。爾後，隨著時間流轉，貝倫塔逐漸失去防禦用途，在接續的幾世紀中，作為海關、電報站和燈塔之用，貯藏室也曾被改造成監禁政治犯的地牢。

　　貝倫塔具有重要的歷史地位，不過最迷人的，還是那富裝飾性和海洋氣息的曼紐爾式建築風格，讓我有置身海龍宮之感。塔身高掛的「皇家之盾」彰顯曼紐爾一世的威望，右側崗亭底座有個飽受海水侵蝕的半身犀牛石雕，代表他在 1513 年送給教皇的禮物。而前方面容慈祥的勝利聖母像（Nossa Senhora do Bom Sucesso）不畏風雨駭浪地守護著里斯本，我想起了我們的林默娘。

　　登高望下，木棧道像是圍起了一池河水，人們坐在岸邊曬著太陽。前方是寬闊平靜的河面，偶有白色小帆乘風而去。很難想像，五百年前這裡曾上演激烈的攻防戰事，害我也好想左手叉腰、右手指向空中，大喊一聲：Fire！

📍 Av. de Brasília, Lisboa　　🏹 www.torrebelem.gov.pt

生物醫學研究基金會
以建築療癒心靈

里斯本，沒落的美感

　　站在貝倫塔眺望時，隔壁這外觀和諧簡約的白色建築，在陽光下閃閃發亮。生物醫學研究基金會就設在這棟建築裡，特別著重癌症和神經科學領域。基金會以企業家 António de Sommer Champalimaud 的姓氏為名，他捐贈了五億歐元的資金，其中一億即是花費在眼前所見、出自印度建築師查爾斯‧科雷亞（Charles Correa）之手的建築。他以雕塑為思想，運用弧形和流線的柔美架構，襯著周圍河水、頂頭藍天，讓寂靜極簡的建築之美得以療癒心靈。

　　像是一座現代美術館，在這裡散步確實能讓人心情平靜。近河濱處設有圓弧形的露天劇場，那時，日光斜照，廣場以黑影為幕，台上幾個年輕人們正自導自演地嬉鬧著。表演完畢，我在角落故意大聲鼓掌，他們嚇了一大跳，然後回以害羞尷尬的微笑。

📍 Av. de Brasília, Lisboa　🗲 www.fchampalimaud.org

貝倫文化中心

微型文化城市

　　簡稱「CCB」的貝倫文化中心，是 1992 年因葡萄牙輪值歐盟主席國而建造。這棟佔地六公頃的現代建築，由義大利建築師維托里奧‧格雷戈蒂（Vittorio Gregotti）和葡萄牙的曼努爾‧薩爾加多（Manuel Salgado）以「開放城市」為概念，由建築體、街道、廣場、橋樑和綠地組成。空間主要區隔為會議、表演和展覽三大區塊，呈現各種形式的藝術文化，除了當代藝術展覽，還會舉辦歌劇、芭蕾和交響樂演奏會，可說是宜古宜今。

　　欣賞展覽是一回事，由巨大白色石灰岩牆面砌成的矩陣，明亮簡潔的外觀結構，是我喜歡這裡的主因。由於非熱門景點，人煙稀少，可以在此無羞恥心地瘋狂自拍；而站在空橋上，隔層玻璃，看著廣場光影交錯，如芝麻般大小的路人零星走過，更是種舒心的視覺美感。

📍 Praça do Império, Lisboa　🖂 www.ccb@ccb.pt

藝術建築與科技博物館

岸邊一道柔美巨浪

　　如海浪般的線條、潔白純淨的色調，河岸邊的 MAAT 在 2016 年對外開放時，旋即成為里斯本最熱門的新景點。

　　MAAT 是「Museu de Arte Arquitetura e Tecnologia」的簡稱，是葡萄牙電力基金會（EDP）在園區整體規畫的一部分。結合了環境意象，建築外貌像一道岸邊巨浪。端看細節，上頭覆蓋了一萬五千塊白色立體裂紋磚，磚上的釉會反射環境光線，隨著時間、潮汐和天空景象而瞬息變化。晴空萬里時，外牆波光粼粼、閃閃發亮，弧線延伸出的視覺，看似柔美卻強而有力。

　　走入館內，橢圓形的空間設計饒富趣味，黑與白呈現出虛幻的多樣性和未

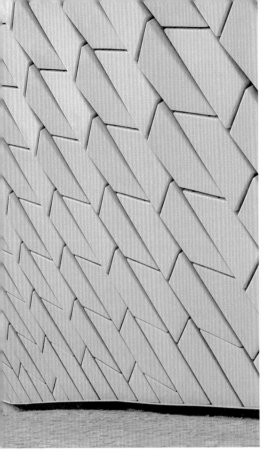

來感。館內有四個共約三千平方公尺的展館，匯聚藝術、建築、科技的多種領域的當代展覽，而無柱設計除了展現精湛的建築工法外，也讓藝術家能真正支配空間、盡情發揮。

看了個寓意深厚的視覺影像展後，加碼買了印上 MAAT 字樣的帆布袋和 T 恤以表支持。走出館外，沿旁邊坡道走上屋頂露台，就好像騎上一隻白鯨的背。遊客三三兩兩坐著聊天，或是倚著欄杆、高舉手機，把最開心的笑容、特茹河和遠方的 425 大橋，都一起拍下。

對了，MATT 也販售聯票，可到隔壁參觀由發電站改建而成的電力博物館，裡頭保存早期巨大的高壓蒸汽鍋爐廠房和各種機具。相較於 MAAT 極簡的白，電力博物館的暗黑空間宛如電影場景，是截然不同的驚喜。

⚲ Av. Brasília, Lisboa　🏹 www.maat.pt

Ponte 25 de Abril
4月25日大橋
雄偉霸氣的紅

在各景點介紹中客串多次後，終於輪到它正式登場了！大橋始建於 1966 年，原名為薩拉查大橋（Ponte Salazar），爾後為紀念 1974 年 4 月 25 日康乃馨革命推翻薩拉查的獨裁統治，便更名為「4 月 25 日大橋」（簡稱 425 大橋），成為里斯本的代表性地標。

大橋橫跨特茹河，全長近二·三公里，連接至對岸的阿爾馬達。懸索式設計配上顯目的紅色橋身，常被拿來跟舊金山的金門大橋相比較。為疏解交通，425 大橋的車道在 1995 年擴增至六線，之後又於下方增建雙軌鐵路。

無論是遠是近，425 大橋都是里斯本即景不可或缺的一塊，能以各種角度來欣賞。在橋上，自高聳的索塔底下穿越而過，一條條紅色鋼纜自兩側飛快畫過，回頭是層疊起伏的七丘之城，河畔的商業廣場就如豆干一塊。另一次，我來到阿爾坎塔拉的河岸橋下，索塔如摩天大樓般龐大，橋面朝對岸筆直揚長而去，下層列車經過時發出嗡嗡嗡的巨聲迴響。渺小的我望著縝密交錯的鋼架結構，大橋呈現在眼前的，是另一種霸氣的美麗。

在我離開里斯本後，城市慶祝建橋五十年，橋旁等高的玻璃觀景台也開張了，這個視角的 425 大橋和里斯本會是什麼模樣，下次我一定要去感受一下。

LX Factory 文化創意園區
文青復興潮流

一天晚上，魯諾和喬安娜神祕兮兮地載著我駛進一片黑暗，停車場內，牆上藍紫色霓虹燈亮著迷幻的「Hello World」，歡迎我們的到來。下車後才知別有洞天，幾排廢棄的倉庫其實萬家燈火，這裡是里斯本最夯的文青聚所──LX Factory。

早在 1846 年，此處曾是葡萄牙最重要的紡織廠，之後又轉為經營印刷排版業，期間有數百名工人在這一帶生活。隨著時代更迭，廠房漸漸被棄置遺忘，直到 2008 年重新回歸，變身為時尚、建築、音樂、美術、舞蹈等當代藝術和創意的合流處，吸引在地創意品牌和藝術家進駐，並結合商業娛樂，衍生成為經濟共同體。

舊倉庫成了年輕世代的指標地，藝術展覽、小型劇場、潮餐廳、咖啡館、廣告公司、設計商店……約有兩百個品牌和工作室進駐，蓄積了強大的創意能量。

曾是斷垣殘瓦的建築，現在反倒成為人與人、藝術和生活之間，互相傳遞訊息的介質，每次走訪都能遇見新鮮事。

那晚我們在人氣最旺的餐廳「1300 Taberna」吃飯，這裡提供在地有機食材，並將傳統菜餚改良成價格親民、美味不打折的精緻餐點。我喜歡「Café na Fábrica」藤蔓下的露天座位，入夜時分，這裡的燈泡繽紛亮起，把現場氛圍暈染得好美好舒服。「Landeau」曾被《Time Out》評選為里斯本最好吃的巧克力蛋糕，足以和另一家「LXeeseCake」的起司蛋糕匹敵。若扛不回「KARE」的家具家飾，那就到「BAIRRO ARTE」挑選創意無限的設計小物。這裡每週日還有「LX Market」市集，除了能買到具獨特性的手工創作，也有不少文青擺攤，賣起復古時髦的二手貨。角落一棟外牆盡是人像塗鴉的倉庫「Espaço Brasil」則作為匯集巴西藝術、美食和文化領域的中心，經常舉辦音樂會、派對和新品發表。

LX Factory 有兩處我的最愛，一個是美食酒吧「Rio Maravilha」，曾是那些工廠工人的起居室。酒吧在看似閒置空曠的空間以鮮明的顏色妝點，提供自在的社交和用餐環境。上頂樓露台，425 大橋就近在眼前，別處頂樓酒吧可享受不到這種視角。這裡還有一座色彩鮮豔、敞開雙臂的女神塑像，與對岸山頭的基督像呼應對望。

另一處是讓人驚訝到掉下巴的書店「Ler Devagar」，整面由地上延伸至二樓天花板的書架，上萬冊書圍成一面浩瀚森林。Ler Devagar 意即「慢慢地閱讀」，沿書牆拾級而上，隨意挑本書翻閱，即便大多是葡萄牙火星文，還是覺得整個人都氣質了起來。

再踏上幾步階梯，樓中樓是老發明家皮特羅（Pietro Proserpio）的實驗室。他出身義大利北部小鎮，1949 年定居葡萄牙，早年以紡織和進口機具為業，現在是位異想天開的發明家，以廢棄的回收品和零件，重新組裝出一台台有趣的動力機械。他一邊操作示範，一邊挾雜簡單的英文、葡萄牙文，輔以比手畫腳，試圖跟我解釋每個零件的運作和機械力學原理，言談中，能感受到他對每件發明的自豪。

最後，我問了個傻問題：這麼多發明中，您最得意的作品是哪一樣？

「它們都像是我的親生小孩，當然全部都愛呀！」他笑說。

📍 R. Rodrigues de Faria 103, Lisboa　📍 www.lxfactory.com

電車博物館

乘載的時光

　　離 LX Factory 不遠，在高架橋下一處廠房鐵棚裡，停放著一整排黃色電車，地面上弧線軌道四處畫過，前方不時會有電車如倦鳥歸巢緩緩駛入。最初我以為這裡是電車起站，後來才知道這棟不甚起眼的建築，可是座電車博物館。

　　自 1872 年至今，Carris 公司一直擔負著運轉里斯本大眾運輸的重責大任，並隨著時間推移，發展出不同的交通系統和乘載工具。博物館內有許多珍貴收藏，包括照片文件、制服、車票、印刷鉛字，還有電車上的機具設備等。當然，最精彩的還是各個時期的電車款式，每台都有著屬於自己的獨特性格，Carris 公司甚至還翻新了 1873 年的馬車車廂。

　　這裡保留了里斯本公共交通最純粹的生活記憶，連結了過去與現在，讓人彷彿進入時光之旅，腦中也浮現出更多昔日生活的想像。

📍R. Primeiro de Maio 101, Lisboa　🏹museu.carris.pt

Village Underground Lisboa 貨櫃聚落
孵化創意的藝術空間

　　站在 Rio Maravilha 酒吧的露台眺望 425 大橋美景時，腳下一牆之隔之處堆疊的彩色貨櫃吸引了我的注意，這裡是里斯本另一個新興的次文化聚落。Village Underground（VU）屬於國際藝術平台，2007 年於倫敦成立，2014 年拓展至此。

　　聚落其實就在電車博物館的建築後頭，直走到底就能發現。這裡被定位為新世代創意的孵化空間，在不毛的空地上以十四個改裝貨櫃和雙層巴士組成，並漆上鮮豔色塊和塗鴉。除了一家咖啡館和會議室外，主要以「桌」為單位，便宜租賃給葡萄牙本土藝術家或創意產業工作者。

　　就我的實地探訪，平日沒活動時，這裡安靜得像座荒島，但是當有音樂會、手作市集、藝術展覽和街頭運動舉辦，熱絡程度可不輸給 LX Factory，而相較之下，這個聚落所迸發出的創意又更具實驗性了。

📍 R. Primeiro de Maio 103, Lisboa　🔖 www.vulisboa.com

里斯本，沒落的美感

Fora do
Centro

里斯本市郊

　　如果有機會在里斯本待久一點，不妨稍稍遠離市區，貼近在地閒適且多樣的那一面。除了後頭個別介紹的景點，還有建於十八世紀的「埃斯特雷拉花園」（Jardim Da Estrela），那裡有小丘、湖泊、溫室咖啡館，還有座高大優雅的音樂露台，累了就躺在草地上睡個覺，餓了就去吃蛋塔，簡單而舒服。

　　若你也是瓷磚沉迷者，西北邊本菲卡（Benfica）的「弗朗泰拉候爵宮殿」（Palácio de Fronteira）會讓人有置身荒野祕境的驚喜。十七世紀的巴洛克宅邸，噴泉、池塘和雕像妝點出花園浪漫（但天鵝的脾氣不是很好），客房、教堂和圖書館則滿佈歷史悠久的葡萄牙和荷蘭瓷磚，富麗又帶點詭異的風格是最引人入勝之處。此外，還有濃厚新阿拉伯風格、環狀建築四角罩著水藍色清真寺大圓頂的「Campo Pequeno」鬥牛場，和強烈建議週末晚上再去的新興展演廢墟「Fábrica Braço de Prata」，舊地方新所在，讓我甘願多花點時間留在里斯本細索探尋，且雖說是市郊，但其實距離不遠，只要用手機地圖查詢交通路線，坐電車、地鐵、公車到達都非難事。

　　而讓我最感覺自在的，是每次來叨擾魯諾和喬安娜時所住的歐拉艾斯區（Olaias）。除了大到能塞進變形金剛、鋼鐵廊柱如神木群的地鐵月台外，這裡沒啥太值得說嘴的，但我喜歡那些社會住宅外牆的淡彩色調，街角的早餐店、蔬果攤和肉鋪限量的涮嘴新鮮炸豬皮。有時我會提早下車到附近的「Alameda Dom Afonso Henriques」公園閒晃，回家途中喜歡在坡頂待一會兒，望著這城市另一幕平淡寧靜的美麗。

耶穌基督像

Free hug，崖上的神

　　渡輪從索德爾碼頭出發，橫越特茹河徐行前往阿爾馬達，也逐漸自繁華抽離。我當然選了靠窗位，晴空暖陽下，遠方遍地紅磚白牆暈出澄黃微光，里斯本如蓬萊仙島般虛渺。約莫十五分鐘後，渡輪抵達卡西里亞斯（Cacilhas）碼頭，海鮮餐廳還沒熱鬧，大叔正在岸邊垂釣，一河之遙，這岸更顯清幽。坐上101路公車，順著蜿蜒坡道駛上坡頂，迎接我的是這座巨大的耶穌基督像。

　　初見 Cristo Rei 時，覺得眼前所見的，儼然就是里約熱內盧的救世基督像（Cristo Redentor）分身，而祂的確是 1934 年里斯本樞機主教走訪巴西時所獲得的啟發。在地人也說，這座自 1959 年揭幕的基督像，是用以感念當年主教宣言請上帝別讓葡萄牙參加二戰，使國家躲過了一場浩劫。

　　二十八公尺高的耶穌站在高八十二公尺的拱形基座上，日以繼夜守護著里斯本，張開雙臂給城市眾生來個 free hug。在這裡，你能倚著崖邊欄杆，或搭電梯登上瞭望台，以近乎耶穌的視角，隔著特茹河，爽看 425 大橋上順流不息的車潮，和七丘之城的繁華。

📍 Alto do Pragal, Av. Cristo Rei, Almada

Parque das Nações
萬國公園

里斯本的
過去現在未來式

縱然我熱愛花磚、窄巷和破爛房舍的舊氣味，但來到東北邊的萬國公園，開闊的視野、現代化的大型建築，還是讓我有了另一種回到現實世界的舒坦感受。

原本乏味的這一帶，因 1988 年葡萄牙舉辦萬國博覽會而被徹底改造為新市鎮，並於褪去活動光環後，成為當地人假日約會和溜小孩的好去處。這裡就像是座名為未來世界的河濱樂園，入口是由知名西班牙建築師 Santiago Calatrava 打造的「里斯本東站」（Estação/Gare do Oriente），涵蓋火車和地鐵及國內外長途巴士轉運站，還有座大型購物中心。車站空間大量運用極簡的混凝土牆面，搭配白色鋼骨結構和採光玻璃，交錯直線和曲度，展現充滿張力的美感。最搶眼的是月台上的挑高棚架，以大自然為靈感，樑柱如樹枝生成一片茂盛森林，任由日光自頂頭放肆透入。

推開購物中心後門便是河濱腹地，大到望不著邊際。北邊遠

處可見橫跨特茹河、總長十七‧三公里的「達伽馬大橋」（Ponte Vasco da Gama）。這座橋樑因紀念達伽瑪發現印度五百週年而命名，俐落的灰色橋身和結構複雜的紅色 425 大橋相映成趣。一百五十公尺高、風帆概念設計的達伽馬塔（Torre Vasco da Gama）則像是發現者紀念碑的進化版，帶點跨越時代的傳承意義。

除了未來感，每座場館也都有各自鮮明的個性。又名為 MEO 競技場的「大西洋館」（Pavilhão Atlântico），外觀靈感來自大西洋馬蹄蟹，也如同一艘擱淺岸邊的飛碟。我個人心中的「最吸睛設計獎」由「葡萄牙館」（Pavilhão de Portuga）奪得，其兩側門廊間下垂的天頂，像是印表機正吐出一張巨大白紙；

歐洲第二大的「里斯本海洋館」（Oceanário de Lisboa）則看似頂著太陽能板、
飄浮水面的人造衛星，戶外黑白碎石地面鑲嵌各種奇異可愛的海洋生物……廣
場上奇形怪狀的裝飾藝術也頗為搶戲，包括一尊擬人化的藍色水滴「Gil」，
它是萬國博覽會的吉祥物，取名自十五世紀的葡萄牙航海探險家吉爾·埃阿尼
什（Gil Eanes）。

　　相較於市區的熱鬧繽紛，這裡有著里斯本的另一種閒暇，以及過去、現在
和未來的模樣。若你打算從里斯本坐火車到波多，不妨先提早來到東站，沿著
河濱散散步吧！

Museu Nacional do Azulejo
國家瓷磚博物館
一塊塊拼貼而成的歷史

　　又是熱到爆的天氣，我搭上 794 號公車向東，繞過市區，途經好幾桌老人聚賭的公園，來到近郊艾克薩布拉加斯（Xabregas）的國家瓷磚博物館。這裡是由具有五百多年歷史的聖母修道院（Convento da Madre de Deus）改建而成，有幾處金碧輝煌的房間、曼紐爾風格的迴廊和中庭花園，其間工匠正在細心修復古舊的瓷磚，清幽的氛圍讓人平靜，沿樓梯鋪上的不是紅毯，而是牆

面繪畫細膩的青花瓷。

　　博物館內展出從十六世紀至今的各種瓷磚收藏，色彩和表現風格各異其趣。十六世紀以宗教和聖經故事為主要題材，十七世紀記錄寫實熱鬧的庶民生活，十八世紀則有不少街景風光。鎮館之寶是由一千三百塊的瓷磚組成、長達三十六公尺的創作，上頭畫的是 1755 年大地震前的里斯本。我湊近牆面細細品味，一邊尋找熟悉的建築，一邊想像沒被地震摧殘的里斯本該是什麼樣的榮景。瓷磚是葡萄牙建築藝術極為重要的組成，在這裡，你能看見一塊塊瓷磚拼貼出生活的軌跡和精彩故事，也為後世留下了永恆的見證。

📍 R. Me. Deus 4, Lisboa　📞 www.museudoazulejo.gov.pt

古爾本基安博物館

石油富商的強大收藏

　　里斯本有逛不完的博物館，古爾本基安是在地人頗為推薦的一座，朋友還特別交代：週日下午不收門票哦！已故的卡勞斯特・古爾本基安是位美國石油富商，在二戰期間來到里斯本進而愛上這裡。辭世後，後代依其遺囑，在1956 年創立基金會，涵蓋博物館、圖書館、科學研究中心和露天劇場等。

　　館內有超過六百件十一至二十世紀的私人藝術收藏，包括埃及、希臘羅馬時期和伊斯蘭古物，也見清朝瓷瓶。除了名家繪畫和珠寶，還有文藝復興時期的掛毯與雕塑、路易十五和十六時期的家具，新藝術運動設計師雷內・拉利克（René Lalique）的飾品更是館藏焦點，當代藝術則多在另一處獨立空間展覽。錦上添花的是成片的綠意，繁茂大樹成林，有池塘流水，還有玻璃帷幕外室內庭院的禪意，無縫融合了藝術與大自然。

📍 Av. de Berna 45A, Lisboa　🖌 www.gulbenkian.pt

阿瓜里弗渡槽

外星怪獸入侵山谷

　　初見阿瓜里弗渡槽，是在電影《里斯本故事》裡，男主角溫特就是在這一帶被騙錢的。來里斯本後，好幾次搭車從底下鑽過都讓我瞠目結舌，原以為眼前所見的是古羅馬遺跡，後來才知道這建築是十八世紀由若昂五世（João V）下令打造的輸水渠道。

　　那個年代的里斯本飽受缺水之苦，渡槽於 1744 年完工後，得以自辛特拉的 Carenque 山谷引水至水庫後，再分配到城市提供乾淨的民生用水，直到1967 年才功成身退。時至今日，遊客還能在上頭行走。渡槽主線長十八公里，其中九百四十一公尺、三十五道拱門穿越了我身處的阿爾坎塔拉山谷，最高更達到六十五公尺，堪稱世界第一。看似位於荒郊野外的渡槽所在地其實離市區不遠，搭 702 號公車就能抵達。無論從路面或在一旁的山坡上看，這渡槽就像長了好多腳的外星怪獸，大得好不真實呀。

普拉澤雷斯墓園

寂靜詳和的灰色

《里斯本故事》的溫特在阿瓜里弗渡槽附近被騙錢，《里斯本夜車》的阿瑪迪歐則長眠於此，並在墓誌銘留下「當獨裁成為事實，革命就是義務」的雨果經典名言。電影情節是虛構的，但墓園的美吸引著我。搭乘 28 路電車往西來到埃斯特雷拉區的終站，墓園就在這裡。這天恰巧是陰天，天空、墓室、石碑、水泥地，都是淡淡寂靜的灰色。

墓園最早是安置 1830 年代死於霍亂大流行的亡者，之後被指定為貴族仕紳的安息地，包括詩人佩索亞、法朵女王艾瑪麗亞最初都曾葬在這裡。墓地佔地廣大、步道筆直寬敞，兩側如房舍的墓室整齊排列，高聳的百年柏樹長相左右。受十九世紀浪漫主義崇尚自然的影響，許多墓碑上是樹枝造型的十字架，欄杆上褪色的塑膠花束有股冷冽之美。

這是我人生第一次把墓園當景點逛，好在靜謐的氛圍和幾隻慵懶的貓咪安撫了一開始忐忑不安的心情。不過，有些墓室因乏人修繕，透過玻璃就能看到破舊的棺木擱在架上，讓我陷入有點發毛但又想看個究竟的糾結。相反地，也有不少墓室大如宅邸、雕飾繁複，其中帕爾梅拉公爵（Duque de Palmela）的家族墓地最為出名，空間足以容納兩百多人的遺體，其建築佈局受到所羅門聖殿的啟發，主體以金字塔形式呈現，既莊嚴又充滿神祕感。

逝者在此長眠，貓兒活在當下，我心懷敬意拍下墓園的美麗與哀傷，心裡也因生死和人世的無常，而浮湧灰色的愁緒與想像。

📍 Praça São João Bosco 568, Lisboa

卡帕里卡海灘

九月春光乍洩

　　好啦好啦，出來玩別太多愁善感，跟我去海邊曬太陽吧！由於里斯本市區沒有沙灘，除了西邊的度假勝地卡斯凱什，對岸塞圖巴爾（Setubal）半島的卡帕里卡是另一個選擇。自市區 Praça de Espanha 地鐵站外搭乘 153 號公車，車上混雜不少像我一樣穿著背心、海灘褲和夾腳拖的乘客，每個人臉上都帶著期待奔向大海的笑容。

　　下車後再走上一小段，柳暗花明後是海闊天空。眼前除了餐廳酒吧，幾艘

漁船也躺在岸上享受日曬，而我脫了鞋，光腳踏上暖和銷魂的細沙。卡帕里卡海岸線長達二十四公里，沙灘起始的北端最是熱鬧，夏日還有像遊樂園裡的列車，南下開往更遠的海灘，包括同志海灘「Beach 19」和裸體海灘「Meco」。

　　度假旺季剛結束，九月的卡帕里卡顯得清閒，日頭還算溫暖，不時吹來涼爽海風，我尊榮獨躺方圓百坪沙灘，聽音樂、吃零食、廢上好一會兒。要說這沙灘的亮點，是幾棟色彩鮮亮的小木屋，紅色、綠色、白色、藍色、黃色⋯⋯即便看來簡陋，能在裡頭住一晚想必仍會是美好的體驗。

　　然而最憶難忘的，是在收拾細軟離開前，先驚見年輕女模在木屋門前拍上空寫真，不久又傻眼發現遠方年輕男女止不住慾火，在沙丘荒草堆間打起野炮。

　　哦，看來即便夏日已近尾聲，但海邊的葡萄牙仍漾著盎然春意呢！

3 *capítulo*

走向里斯本外的
葡國風景

即便重度沉迷於里斯本的美，但既然都來了，出走還是必要的。港都、山城和海岸線構築出這拉丁國度豐富的模樣，多留個幾天，看是想搭火車、坐巴士或自駕也可以，來趟慢步調的小旅行，感受葡萄牙另一面樸實美麗的姿態。

Sintra, Cascais

辛特拉、卡斯凱什

山林天龍國，
海濱桃花源

　　涼爽的氣候、峰巒疊嶂的山勢和繁茂植被，讓辛特拉在十五至十九世紀間吸引貴族遷居避暑，遺留下的宮殿和豪宅形成另類聚落，1995 年列為世界遺產後，自此聲名大噪。還不到中午，遊客服務中心和巴士站早擠滿各國遊客，準備一睹山中天龍國的浮誇風采。買一日交通券便能坐巴士到處集點打卡，但記得趁人山人海之前，先衝最熱門的佩納宮（Palácio Nacional da Pena）吧！

　　站在高崗上、海拔五百公尺的佩納宮由十九世紀葡萄牙女王瑪麗亞二世和丈夫費爾南多二世（Fernando II）下令打造，受當時浪漫與折衷主義影響，擷取東方藝術、阿拉伯圓頂和尖塔，以及曼紐爾式的裝飾元素，不按牌理出牌的建築結構以城垛勾邊，外牆再刷上鮮豔色塊，像座大人的積木城堡，由門廊上面目猙獰、半人半魚的海神之子 Triton 雕像守衛，奇異獨特的風格，加上佔地八十五公頃的山水後花園，入列葡萄牙七大奇蹟，當之無愧。

　　遊走宮殿內皇室華麗氣派的起居空間，除了欣賞瓷磚、雕花和古典擺飾外，也能發現東方舶來品藏身其中，而長廊上

栩栩如生的阿拉伯人形燈柱，彷彿閉館後就會上演博物館驚魂夜。在宮殿後方的露台賞景，建於九世紀的摩爾人城堡（Castelo dos Mouros）是一尾惡龍，蒼涼盤踞在距離不遠的險峻山頭，人們得以登高自斷垣殘壁中飽覽辛特拉全景，對望佩納宮獨一無二之美。

相較之下，紅磚白牆的辛特拉宮（Palácio Nacional de Sintra）顯得樸實，卻是歷代國王的夏宮，兩管巨大的錐形煙囪已不見炊煙，但以前這裡可是要辛苦烹煮餵養上千名皇族與賓客的食物。這一帶是辛特拉的歷史中心，我捨棄入宮參觀，而是曬著溫暖的陽光，散步斜坡小徑間。明信片、軟木皮包、手繪陶盤和各式葡國公雞紀念品無所不在，遊客不是在逛大街，就是坐在露天雅座、階梯或矮牆上吃喝，各有怡然自得的山遊情調。

順著林間公路走著，雷加萊拉莊園（Quinta da Regaleira）就隱身在轉彎處的森林裡。以 1840 年買下此地的雷加萊拉女爵（Barlonss da Regaleira）為名，爾後由富豪卡瓦略·蒙泰羅（Carvalho Monteiro）接手，以追求宇宙和天堂的概念為基礎，築出混合羅馬、哥德、文藝復興和曼紐爾風格的莊園，有湖泊、洞穴、水井、噴泉和多座塔樓。繁複細膩的細節隨處可見，看似浪漫，卻又隱約帶著陰鬱迷濛的神祕氛圍。這裡還藏著一個二十七公尺深的地下塔，順螺旋階梯下達地底，便可連結地道通往諸多地方。據說這空間隱藏煉金術與天地的奧義，更添其撲朔迷離之感。

回到辛特拉車站，搭上另一路公車西行駛向歐洲大陸的盡頭羅卡角（Cabo da Roca），畫面從鬱鬱蔥蔥轉為海闊天空。沿步道走往陡峭的懸崖邊，除了白色燈塔，還有座面海的十字架紀念碑，碑上刻有詩人賈梅士的名句：「Onde a terra se acaba e o mar começa.」陸止於此，海始於斯。大航海時代，大西洋承載了葡萄牙人的美好憧憬，無懼險惡航向未知的世界。現在，我們站在崖邊，吹著鹹鹹海風，從北緯 38.47 度、西經 9.30 度眺望，眼前的大海廣闊、崖下浪花無聲，心中有種難以言喻、微妙的魔幻感受。

再搭上車往南，海邊度假勝地卡斯凱什是最終站。這裡原本只是個小漁村，直到十九世紀國王路易斯一世（Luís I）將王室避暑山莊遷移至此而飛上枝頭。我喜歡岩石與沙灘交築成的景色，還有漁船和遊艇點綴海面。夏日的卡斯凱什吸引大批當地人和遊客前來，用各自慵懶自在的姿態，享受豔陽與沁涼海水。

　　鎮上漫著十九世紀裝飾風格和葡萄牙的傳統氣味，老舊但清爽。踏著黑白碎石路，兩邊餐廳和商店林立，路人們個個眉開眼笑，氣質清新的女孩Estrela 自彈自唱，不相識的捲毛男孩插花吹起薩克斯風相伴。熱鬧愉悅的度假氛圍，讓我在卡斯凱什賴上好一會兒，直到夕陽開始西斜，才依依不捨搭上火車，結束山海一日之旅，重回里斯本的懷抱。

➡️ 自羅西歐車站（Estação do Rossio）出發到辛特拉車站（Estação de Sintra）。

辛特拉觀光巴士路線
www.scotturb.com
434 辛特拉車站、佩納宮、摩爾人城堡、辛特拉宮
435 辛特拉車站、辛特拉宮、雷加萊拉莊園、色提亞斯宮（Palácio de Seteais）、夢斯雷宮（Palácio de Monserrate）
403 辛特拉車站、羅卡角、卡斯凱什

Óbidos

奧比多斯
九重葛盛放的美麗山城

　　位在里斯本北邊八十公里外的奧比多斯被譽為葡萄牙的珍珠，1282 年國王狄尼斯（D. Dinis）將其賞賜給皇后作為結婚禮物後，將城鎮當作結婚禮物的傳統便世代相傳，一直沿續到 1834 年。

　　穿越鋪上藍瓷的城門，老婦人在街角擺桌賣著自家的手工織品，迪雷塔街（R. Direita）貫穿小鎮南北，兩側全是洋溢山城暖意的紀念品店和餐館。賣酒小哥看到我背包上的 Benfica 徽章，大方請我喝杯在地版的 ginjinha，用巧克力製成迷你酒杯裝盛，我爽快一乾而盡，再咬碎酒杯吞進肚裡。另一個亮點是老屋書店「Mercado Biológico」，以酒箱為書櫃，堆疊佈滿四壁，小鎮書香外，

還販售當地生鮮蔬果和土產，衍然像座小型農夫市集。

　　這裡最棒的體驗，還是在巷弄間散步。陶瓦屋頂配上刷白牆面，再分別以藍、黃兩色描繪邊線，呼應著藍天和陽光。九重葛的枝幹和紅花沿矮牆放肆攀爬綻放，偶有野貓入鏡，說不上特別，但我完全不介意再多迷走一會兒。

　　途中，你可能會看到頭戴鳥嘴面具的暗黑使者，這詭異裝扮是十四世紀瘟疫流行時的醫生服，當時鳥嘴裡塞放香氛藥劑，用以過濾空氣和病毒。還有，你也會在教堂遇見頭戴白帽的中年男子 Ignasi Simon，聽他坐在音箱上悠哉彈著民謠吉他。

　　此外，奧比多斯也是典型的防禦城鎮，鎮中有座頹圮的中世紀城堡，不妨登高走上城牆邊緣，用不同的視野，欣賞這座如水彩畫出來的美麗小鎮。

➡️ 坐地鐵到 Campo Grande 站，出站後，可在右側一棟綠色大樓對面找到巴士站，再搭乘 Rodoviária do Tejo（RT）巴士到 Óbidos。

INFANTA ISABEL

P·169·AL

ROZES
PORTO

DOURO

Porto

波多
北方港都，葡萄牙制霸
的河岸風光

　　前往波多的列車上，（不）恰巧和一位頭髮灰白的葡國大媽對坐。她表情肅殺，是可能稍有不順她意就會劈頭大罵的那種，我只好迴避視線，看著窗外若有所思。突然間，對向列車急速交會發出轟隆巨響，我嚇到抖了一下，然後，她整個笑出聲來，我也跟著尷尬地笑了。

　　不到三小時，列車抵達聖本篤車站（Estação de Porto São Bento），百年車站的大廳砌上兩萬片描繪葡萄牙歷史、戰爭和農事生活的藍瓷，美到令人目瞪口呆。原地打轉細細瀏覽後，我買了張 andante 交通三日券，開始這葡萄牙第二大城的旅程。

　　就像其他國家的南北或東西大城一樣，里斯本和波多也有著某種瑜亮情結，波多自詡自己才是最美麗城市，但里斯本人愛虧波多老下雨。即便我是里斯本控，卻完全同意，路易一世大橋（Ponte Dom Luís I）的硬漢氣勢和杜羅河的河岸風光，無疑才是葡萄牙制霸。

　　舊城區依附河邊丘陵而建，樓房像學生拍畢業照般層層而上，繁華落盡的滄桑，築出一見傾心的美景。被認證為世界文化遺產的里貝拉廣場（Praça da

Ribeira）位在河畔，昔日是重要交通樞紐，熱絡販售魚肉生鮮與民生雜貨，如今遊客如織，露天座位自午後盛開，情侶們等待登船遊河，年輕人自在抽著水煙。

　　里斯本有巴西人，波多則有 1921 年開業的馬傑斯提克咖啡館（Café Majestic），宮廷式的華麗裝潢、精雕細鏤的木飾和真皮座椅，沉穩、氣派而優雅，讓這裡榮登全球十大最美咖啡館之一。據說 J.K. 羅琳住波多時常來這裡閱讀寫作，我遍尋不著她的足跡，倒是跟隔壁桌的老夫妻共享受短暫悠哉的午茶時光。老先生說他二十初頭時曾去過臺灣，我一邊想像那時臺灣的模樣，一邊笑說：歡迎再來玩！波多的「全球最美之一」系列，還有逾百年的萊羅書店（Livraria Lello）。幸運搶到入場頭香（跟衝百貨公司週年慶一樣令人亢奮），迅速拍下只有店員的美麗空景，中央如蛇腹般的螺旋階梯，弧線蜿蜒而上柔美如流水，抬頭便看得癡迷。

　　葡萄牙細膩的藍瓷壁畫，也在這城市間展露無遺。除了聖本篤車站，還有

座落斜坡上的聖伊德爾方索教堂（Igreja de Santo Ildefonso），而卡爾莫教堂（Igreja do Carmo）更以一整面外牆描繪天主教隱教會創立的情景，堪稱十八世紀的街頭塗鴉。十八世紀在波多留下的，還有巴洛克風格的教士教堂（Igreja Dos Clérigos），身後一柱擎天的牧師塔（Torre dos Clérigos）是城市最醒目的地標。爬了二百四十個階梯、登上七十六公尺的塔頂後，眼前豁然開朗，三百六十度環景，清一色的橘色屋頂、密密麻麻的樓房窗格，主教座堂（Sé do Porto）低調隱身其中，波多的美，瀰漫著樸實內斂的詩意。

　　杜羅河另一岸是加亞新城區（Villa Nova de Gaia），天氣晴朗時，沿杜羅河散步是最廢也是最棒的觀光行程。年輕人攀附鐵橋外，嚷嚷著只要一歐元他就上演跳水秀（但沒人理他），一艘艘載運橡木酒桶的傳統船隻（barcos rabelos）為河岸增添了不少懷舊風韻，而聞名於世的波特酒（Vinho do Porto），早年就是從杜羅河谷的產區，順水運送到波多貯藏和出口。新城區眾家酒莊雲集，個個坐擁上百年的歷史，即便是一杯即茫的遜咖如我，也不免

俗地到 Graham's 參觀酒窖，穿梭大陣仗堆疊的橡木桶間，感受波多的酒鄉文化，並且試飲各種風味的波特酒，像是口感厚實、果香濃郁的 Ruby，還有儲放至少十年以上、口感柔潤的琥珀色 Tawny。

　　你無法用三天就飽嚐波多，於是我捨棄歷史地標，循里斯本模式，把時間花在街巷亂晃。花街（Rua das Flores）的不少櫥窗玻璃都畫上可愛的塗鴉，街頭藝人在空中拉長了泡泡。我先在雜貨餐館「Mercearia das Flores」吃了一盤雅痞版的沙丁魚沙拉，回青年旅館的途中，又禁不住誘惑走進「Gelataria Sincelo」花六歐元再嗑光一整杯奶油、巧克力醬和餅乾熱情交織的冰淇淋。Rua de Miguel Bombarda 這條路是文青潮青愛來混的地帶，有不少獨立藝廊，除了里斯本也有的「Ó! Galeria」，附近還有優雅飄逸的生活雜貨選物店「Coração Alecrim」，而我在一間堆積如山的舊貨鋪裡挖寶，最後跟戴著墨

鏡的老老闆買了個古董發條鬧鐘。而這些細瑣,都是波多除了河岸外,討人喜歡的生活感。

　　雖然我還是私心偏愛里斯本,但若有人問及里斯本和波多選哪個好時,我仍會誠心勸敗說:兩個都要去呀,波多超美的好嗎!

➡ 從里斯本東站(Gare do Oriente)搭火車前往波多聖本篤車站(Estação de Porto São Bento)。

Café Majestic
🔖 www.cafemajestic.com

Livraria Lello
🔖 www.livrarialello.pt

Graham's
🔖 www.grahams-port.com

Mercearia das Flores
🔖 www.merceariadasflores.com

Gelataria Sincelo
🔖 www.gelatariasincelo.com

Coração Alecrim
🔖 www.coracaoalecrim.com

Algarve

阿爾加維

迎著末夏豔陽奔向南葡大海

　　走訪葡萄牙的第三年，終於捨得暫別里斯本生活，南下阿爾加維。阿爾加維是葡萄牙最南端的大區，擁有延展數百公里的海岸線，在長期海水和風力侵蝕下形成獨特地貌，懸崖、蝕洞、拱門、岩柱和數不清的海灘。若有朋友結伴同行，能開車自駕是最棒的。先沿著西邊玩 Alentejano 國家公園（Parque Natural do Sudoeste Alentejano e Costa Vicentina），接著再奔向南方的阿爾布費拉（Albufeira），是在地人誠摯推薦的玩樂路線。

　　首站來到科武港（Porto Côvo），岩頂停了不少露營車，岩岸被蝕成好幾坑巨大的懸崖沙灘，在這裡還能上一堂衝浪課。我在木屋酒吧嗑了一盤咖哩配葡萄牙啤酒 Super Bock 後，便走沙灘插傘紮營，然後聽著浪潮聲，一癱就是好久。身上沾黏的細沙像是伴手禮，再度上路後，沒多遠的米爾豐特什新鎮（Vila Nova de Milfontes）風景截然不同。崖上是鋪滿白亮矮房的城鎮，一岸是米拉河口（Rìo Mira）的漁港日常，另一側沙灘上有數百座石頭堆疊藝術，像是一隻隻狐獴。我們趕在日落前來到贊布熱拉杜馬爾（Zambujeira do Mar），小鎮順著潮水退去了喧囂。一對年輕男女倚坐沙灘，望向即將沒入海面的夕陽。女孩彈著吉他，弦音襯著海潮，清脆而柔美。雷鬼頭男孩手拿麵包餵食，女孩側著頭微微揚起嘴角，看似浪跡天涯的兩人都幸福地笑了。

　　隔日，繼續下行到薩格里什（Sagres）。大航海時代，薩格里什是船艦自非洲返航的必經之地，戰略地位尤顯重要。恩里克王子不但在此設立史上首間航海學校，並在海岬打造出堡壘要塞（Fortaleza de Sagres）。順著步道環堡遊覽，閒置的營房、水塔、防風壁和聖母教堂在貧瘠荒地上顯得孤寂，當年的不可一世已成追憶。轉戰佇立燈塔的聖文牛角（Cabo de São Vicente），年輕背包客無懼行走在崎嶇陡峭的懸崖、開心自拍。崖下是海面波光粼粼，遊客划著獨木舟，如針線在峽灣與蝕洞間漂流穿梭。

　　玩阿爾加維，除了海港大城拉哥斯（Lagos），阿爾布費拉（Albufeira）是鑲嵌在海邊山崖上的城市，有著更為閒適的度假氣氛。除了玩沙踏浪，花三十歐元搭小艇出海，換個賞景視角絕對物超所值。海岸似無止盡，有如青海的草原，高聳斷崖裸露出的深淺色澤，是走過千百年歲月所留下的痕跡。小艇駛入近百公尺高的岩洞時，我閉眼聆聽浪潮澎湃的回音，再睜眼，遠方船隻渺小如豆，大自然的神匠神工，讓人莫名地感動。

　　我不太愛用「必訪」二字，但來到這裡，拜託一定要親臨班納吉海蝕洞（Grutas de Benagil）的曠世奇觀。就在同名的沙灘旁，洞頂的裂口引陽光聚映在沙灘上（感覺會有巨人趴在洞口偷看），十足夢幻，更有著遺世獨立的美感。

　　即便是九月，南葡的太陽依舊很給面子，以至於每天都陷入白天猛擦防曬、晚上狂洗臉的輪迴。結束了四天的海岸線之旅，我帶著一身刺痛曬傷回到里斯本，但直到寫書的當下，我仍意猶未盡懷念著。

➡ 若無法自駕，可坐地鐵到動物園站（Jardim Zoológico），出站後在旁邊搭乘 Rede-Expressos 巴士前往 Lagos。

Coimbra

科英布拉

古老大學漫著氣質書香

　　位於里斯本與波多之間，科英布拉於西元 1139 至 1260 年間曾是葡萄牙首都，直到遷都里斯本後，這裡轉為文化中心，也是著名的大學城。

　　旅程自蒙德古河（Rio Mondego）畔的波特傑姆廣場（Largo da Portagem）開始，先是沿 Ferreira Borges 商店街散步，晃到十二世紀末的羅馬式聖雅各教堂（Igreja de São Tiago），便右上斜坡開始攻頂之路。這裡鮮少見到花磚，建築裸露出簡樸清幽的模樣，走過漫長糾結的迴廊窄巷，終見傳說中的科英布拉大學（Universidade de Coimbra）。

　　1290 年至今，科英布拉大學是世上最古老的大學之一，並於 2013 年入列世界遺產，文人賈梅士和佩索亞都是這裡的畢業生。中庭廣場有座若昂三世

雕像，紀念他將皇宮貢獻給大學使用，除了著名的法律學院，還有十六世紀初建造的聖米歇爾教堂（Capela de São Miguel），富麗堂皇的裝飾和一座 1733 年的巴洛克風琴，也讓這裡成為熱門的婚禮場所。

大名鼎鼎的喬安娜圖書館（Biblioteca Joanina）建於 1720 年，館藏逾二十萬本十六至十八世紀的各類古書，挑高的巴洛克風格空間，橡木書櫃和浮華精緻的鍍金雕飾令人歎為觀止，根本是座書的宮殿。館內禁止拍照，終年維持十八至二十度之間的微涼溫度，空氣中隱約能嗅到潮濕的書卷氣。據說這裡還特別請一群蝙蝠入住，專吃那些啃書的害蟲。

離開圖書館後，我拾階登上廣場角落的塔樓，視野廣達三百六十度，得以將科英布拉的景致盡收眼底，寬闊的蒙德古河在眼前靜靜流淌，這城市還有許多未知的地方，就待下回再細細尋訪。

➡ 從里斯本東站（Gare do Oriente）搭乘前往 Porto – Campanhã 的火車，記得到 Coimbra-B 站下車換月台，轉乘前往 Coimbra 站。

Évora

埃武拉

探訪羅馬遺蹟和人骨教堂

　　那天魯諾開車，我們橫越達伽馬大橋，朝著東南方，馳駛在公路上。兩旁橙黃坡地上盡是製成軟木塞的西班牙栓皮櫟（全球過半的產量都來自葡萄牙），高壓電塔上堆了許多大鳥巢，魯諾說，那些都是送子鳥來著。

　　一個半小時後，我們來到埃武拉。這座歷史古城初建於羅馬帝國時期，先後被西哥德人和摩爾人佔領，又在十五世紀作為葡萄牙皇宮，遺留下各時期的建築，讓埃武拉在 1986 年入列為世界文化遺產。

　　市中心在小山丘上，至今仍維持十六至十八世紀的舊風貌，白牆屋舍交錯出大街小巷。吉拉朵廣場（Praça do Giraldo）是遊客的聚散地，除了有噴泉和聖東尼教堂（Igreja de Santo António）外，Café Arcadia 算是老字號的甜點餐館。

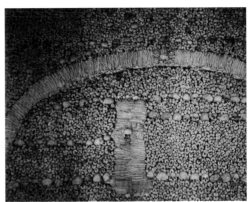

推估大約建於西元二世紀的埃武拉神殿（Templo Romano de Évora）就在附近，曾經供奉月亮女神黛安娜，近兩千年後，十四根哥林多式廊柱仍屹立不搖，也成為葡萄牙最重要的羅馬遺址。

吸引大夥慕名而來的，還有聖方濟天主堂（Igreja de São Francisco）內的人骨禮拜堂（Capela dos Ossos），內牆和柱子由五千副人骨築成。這些骨骸是十五世紀歐洲黑死病和戰爭的亡者，據說因墳場空間不足，修道士便將人骨堆疊成堂。暈黃燈光下，成堆骨骸給人驚悚又詳和的複雜感受，也滿足了現代人的獵奇心理。離開時，魯諾看著門廊上的葡萄牙文，笑了，因為上頭寫著：

Nós ossos que aqui estamos pelos vossos esperamos.

（我們的骨頭在這裡等著你的哦。）

➡ 坐地鐵到動物園站（Jardim Zoológico），出站後在旁邊搭乘 Rede-Expressos 巴士前往 Évora。

當然，我還會再回來的

　　第三次走訪里斯本的最後一天，沒有安排觀光購物行程，我把自己丟在市區閒逛，去 Manteigaria 吞了兩顆蛋塔，再慣性沿著特茹河畔散步，顧影自憐地向這座城市告別。

　　最後的晚餐當然是和魯諾和喬安娜一起享用，我私心指定要再吃海鮮燉飯。即便喝了半杯白酒就不爭氣地茫了，我還是被載到小酒館裡續攤。我們談笑回顧過往，喬安娜自作主張地說，等我明年再來時，三個人一起去離島 Açores 自駕旅行吧！彷彿我坐上噶瑪蘭客運，穿過雪隧就能到里斯本那麼簡單。

　　仔細想想，要比歷史古蹟、要看自然景觀、要細究美食，比葡萄牙強大的國家不在少數，但讓我念念不忘的，除了書中這些有形、無形的迷人氣息外，應該就是那難以言喻的自在。

　　里斯本的魅力持續爆發，新的祕境被發掘、又開了不少很酷的餐廳和咖啡館、更多大型活動在商業廣場輪番上演，而朋友們去里斯本旅行的照片，看得我更是羨慕嫉妒恨！但我也在想，世界那麼大，是該踏出里斯本的舒適圈，去南美或非洲走走了。

　　然而，此時正在日本旅行的魯諾和喬安娜捎來訊息：

　　「我們期待今年再見到你，房間都幫你準備好了哦！」

　　「還去！你們都還沒來台灣玩這樣對嗎？」我翻白眼。

　　「好啦，到時候再看看啦。」沒志氣的我，馬上又回了一句。

　　一定會再去第四次的里斯本，我想，你也會喜歡的。

國家圖書館出版品預行編目資料

里斯本，沒落的美感 / 細腿男 文字、攝影. -- 初版. -- 臺北市：
商周出版：家庭傳媒城邦分公司發行, 民107.07
　面；　公分

ISBN 978-986-477-483-8（平裝）

1.旅遊文學 2.攝影集 3.葡萄牙里斯本

746.2719　　　　　　　　　　　　　107009067

里斯本，沒落的美感

文　字、攝　影／細腿男
企　畫　選　書／楊如玉
責　任　編　輯／楊如玉

版　　　　　權／黃淑敏、翁靜如
行　銷　業　務／李衍逸、黃崇華
總　　經　　理／彭之琬
發　　行　　人／何飛鵬
法　律　顧　問／元禾法律事務所王子文律師
出　　　　　版／商周出版
　　　　　　　　城邦文化事業股份有限公司
　　　　　　　　台北市中山區民生東路二段141號9樓
　　　　　　　　電話：(02) 2500-7008 傳真：(02) 2500-7759
　　　　　　　　E-mail：bwp.service@cite.com.tw
　　　　　　　　Blog：http://bwp25007008.pixnet.net/blog
發　　　　　行／英屬蓋曼群島商家庭傳媒股份有限公司城邦分公司
　　　　　　　　台北市中山區民生東路二段141號2樓
　　　　　　　　書虫客服服務專線：(02)25007718‧(02)25007719
　　　　　　　　24小時傳真服務：(02)25001990‧(02)25001991
　　　　　　　　服務時間：週一至週五09:30-12:00‧13:30-17:00
　　　　　　　　郵撥帳號：19863813　戶名：書虫股份有限公司
　　　　　　　　讀者服務信箱E-mail：service@readingclub.com.tw
　　　　　　　　歡迎光臨城邦讀書花園 網址：www.cite.com.tw
香港發行所／城邦（香港）出版集團有限公司
　　　　　　　　香港灣仔駱克道193號東超商業中心1樓
　　　　　　　　電話：(852) 25086231　傳真：(852) 25789337
馬新發行所／城邦(馬新)出版集團【Cité (M) Sdn. Bhd. (458372U)】
　　　　　　　　41, Jalan Radin Anum, Bandar Baru Sri Petaling,
　　　　　　　　57000 Kuala Lumpur, Malaysia
　　　　　　　　電話：(603)90578822　傳真：(603) 90576622
　　　　　　　　email:cite@cite.com.my

設　　　　　計／Daniel Su
印　　　　　刷／高典印刷有限公司
經　　銷　　商／聯合發行股份有限公司
　　　　　　　　電話：(02) 2917-8022　傳真：(02) 2911-0053
　　　　　　　　地址：新北市231新店區寶橋路235巷6弄6號2樓

■2018年（民107）7月初版
■2021年（民110）9月24日初版3.7刷
定價／420元

企畫選書、責任編輯 ── 楊如玉
美術設計 ── Daniel Su

歷史、藝術、人文、飲食，舊日時光仍存繫於每一個日常；
拜薩、阿法瑪、希亞多……品味里斯本各區獨特的繁華與生活感；
波多、辛特拉、奧比多斯、科英布拉，戀戀各地城市風情。

自大航海時代遺留下的文化底蘊、悠緩自在的生活步調，
讓人幾度在里斯本流連忘返。
而感受這座迷人城市的最好方式，就是迷走在巷弄間 ——
溫暖的陽光映在黑白碎石路與繽紛的花磚外牆上，
映照著過往曾有的輝煌；
頹圮牆面成了最棒的畫布，錯落各處的塗鴉創作，
潮流的新生力量正在發燒；
愛、惆悵、憂傷、憧憬、壓抑、渴望，
隨著悠悠的法朵在夜裡傳送，刻出最深層的靈魂；
沿路發出喀噹聲響的電車，穿梭在起伏的山坡和蜿蜒街巷，
成了一道流動的美麗景色。
里斯本的魔力，依附在每個轉角不期而遇的枝微末節裡。

細腿男連續三年走訪里斯本及其他葡萄牙城鎮，
以居遊的方式自在探索，與當地人暖心交流，
並將景點、人文、美食、購物和在地生活墟所皆收錄於本書，
帶著大家一同發掘這座城市最精彩的樣貌。

城邦讀書花園
www.cite.com.tw

ISBN 978-986-477-483-8

00420

9 789864 774838

BK5137　定價420元 HK$140

商周出版

建議陳列書區：旅遊文學